100 einfache Schritt-für-Schritt-Motive

ZEICHNEN LERNEN FÜR TALENTFREIE

Ganz leicht vom Anfänger zum Profi

Bildnachweis:
© Fiona Osbaldstone (S. 16, 22-32, 36, 50, 78 o., 80-88, 98-112, 132-140, 146-150); stock.adobe.com:
© nataljacernecka (S. 10-14, 18, 20, 34, 40-48, 52-76, 78 u., 90, 92, 96, 116-130, 142, 152-158), © natrot (Papierstruktur); © rvlsoft (Bleistift); © TWINS DESIGN STUDIO (Pfeile); © Viktoria (Wischer); Shutterstock/Efi red (S. 7)

Inhalt

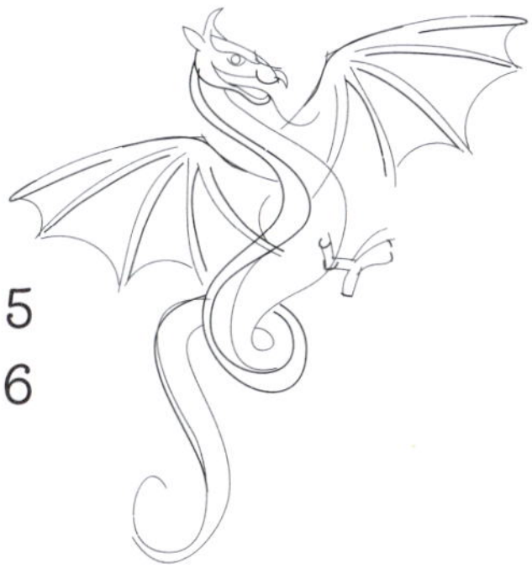

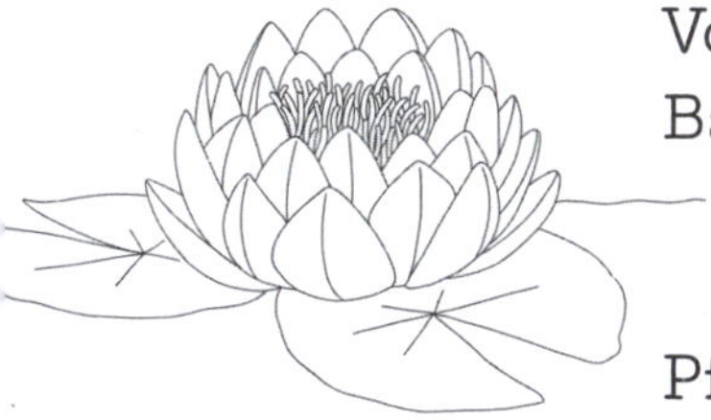

Vorwort 5
Basics – Tipps und Tricks 6

Pflanzen 8

Tiere 38

Fantasy-Motive 94

Schöne Dinge & Gebäude 114

Menschen 144

Register 160

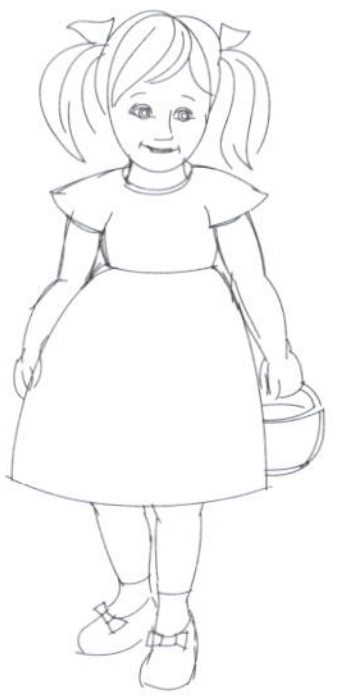

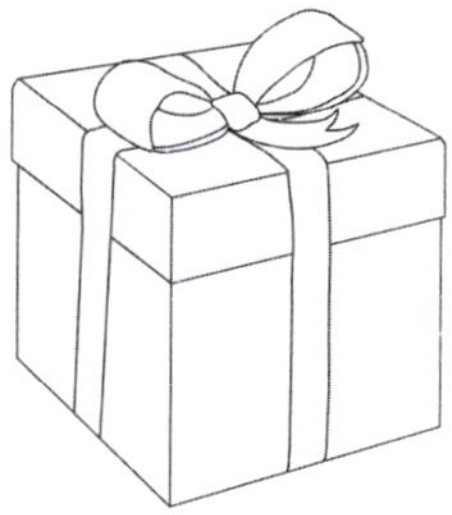

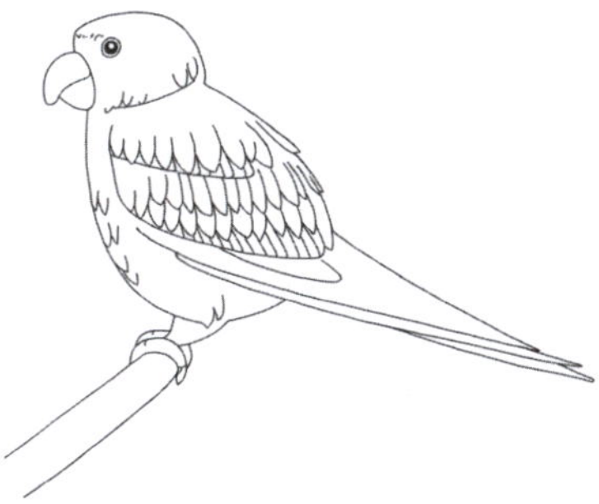

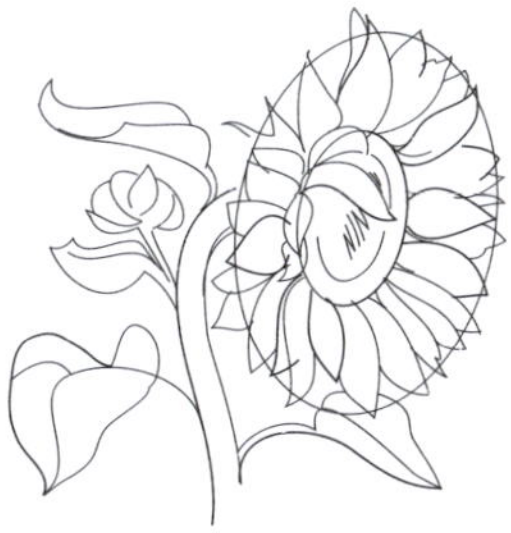

Vorwort

Liebe lernwillige Zeichenkünstlerin, lieber Zeichenkünstler,

dieses Buch wird dir dabei helfen, Schritt für Schritt, von einfachen Grundformen wie Kreisen, Quadraten, Dreiecken kommend, richtig schöne Motive zu zeichnen. Jedes Motiv wird auf einer linken Buchseite mit einfachen Steps abgebildet. Auf der rechten Buchseite kannst du direkt auf dem perfekten Zeichenpapier mit dem Zeichnen loslegen.

Die einzelnen Motive sind nach ihrem Schwierigkeitsgrad mit Sternen markiert. Ein Stern bedeutet, dass das Motiv einfach zu zeichnen ist, zwei Sterne bedeuten einen mittleren Schwierigkeitsgrad und Drei-Sterne-Motive sind komplexer, aber natürlich durchaus auch für Anfänger gemacht, nur dass du mehr zeichnen und auch genauer hinschauen musst. Das Register ist nach Schwierigkeitsgraden sortiert, sodass du dir leicht die Motive herauspicken kannst, die du zuerst umsetzen möchtest.

Zeichnen eignet sich vor allem für Einsteiger. Du kannst leicht mit den unterschiedlichsten Motiven üben und experimentieren. Gelingt dir ein Entwurf einmal nicht, kannst du misslungene Linien leicht mit dem Radierer korrigieren. Du wirst sehen, von Mal zu Mal wird es dir leichter fallen, die Motive zu zeichnen!

Schau dir noch die Tipps auf den nächsten beiden Seiten an und dann kannst du direkt loslegen, ganz frei nach dem Motto:

Es gibt keine schlechten Zeichnungen, nur solche, die nicht die Ansprüche der Zeichnerin oder des Zeichners erfüllen!

Basics – Tipps & Tricks

Womit zeichnest du?

Der Bleistift- bzw. Grafitstift ist das gängigste Zeichenutensil. Er ist leicht zu handhaben und kann erstaunlich vielseitig eingesetzt werden. Eine kleine Auswahl an Stiften bekommt man auch im herkömmlichen Schreibwarenladen. Lege dir am besten Stifte in guter Qualität und in allen Härtegraden zu.

Übrigens: Anders als der Name vermuten lässt, befindet sich in der Mine von Bleistiften kein Blei. Es ist eine Mischung aus Grafit, Wasser und Ton, die zu Strängen gepresst, getrocknet und anschließend gebrannt wird. Der Bleistift ist korrekt bezeichnct cin Grafitstift. Die Grafitminen bekommen eine Fassung aus Zedernholz, die naturbelassen bleibt oder lackiert wird. Auf ihr befindet sich der Aufdruck mit dem Härtegrad.

Härtegrade
Sehr weiche Stifte: 9B–5B
Weiche Stifte: 4B–B
Mittlere Härte: HB
Harte Stifte: H–2H
Sehr harte Stifte: 3H– 5H
Extrem harte Stifte: 6H–9H

Das Verhältnis von Ton und Grafit bestimmt den Härtegrad. Ist mehr Grafit in der Mischung enthalten, wird die Mine weicher und ergibt einen satten Strich, steigt der Tonanteil, wird die Mine härter. Ihr Strich ist dünn und hell. Der Härtegrad wird in den Grundstärken B, HB und H angegeben. B steht für Black und einen hohen Grafitanteil, HB für Hard-Black und H für Hard, also einen hohen Tonanteil. Die Härtegrade H und B gibt es in neun Abstufungen.

Worauf zeichnest du?

Zum Zeichnen mit Grafit- oder Farbstiften sind weiße oder cremefarbene Zeichenpapiere geeignet. Es gibt sie in unterschiedlichen Stärken. Die Dicke des Papiers wird in Gramm pro Quadratmeter (g/qm) angegeben. Je höher die Grammzahl, desto fester ist das Papier. Wer einen leichten Strich hat, kommt in der Regel mit dünnem Papier aus. Drückt man dagegen fest auf, empfiehlt sich ein dickeres Papier. Dieses Buch ist zum Beispiel auf einem 120g/qm Offset-Papier gedruckt.

Wie zeichnest du am einfachsten?

Die Antworten sind „Konturenzeichnen" und „Auf Grundformen reduzieren".

Reine Konturenzeichnungen sind auf die wesentlichen Linien reduziert und geben die Umrisse eines Objektes oder einer Landschaft wieder. Um Umrisse bzw. Konturen zu zeichnen, muss man jedoch die Form erkennen. Welche Form hat der Apfel, wo beginnt und endet das Stuhlbein? Konturenzeichnungen kommen ohne Schattierungen aus. Trotzdem lässt sich eine räumliche Wirkung erzielen. Dazu nutzt man entweder eine perspektivische Darstellung, bei der Dinge oder Personen im Vordergrund größer gezeichnet werden als im Hintergrund, oder variiert die Zeichenmaterialien. Ein blasser Zeichenstrich suggeriert eine größere Entfernung als ein kräftiger Strich. Diese Wirkung lässt sich leicht mit unterschiedlichem Druck auf den Stift oder durch Stifte unterschiedlicher Härte erzeugen.

Es gelingt leichter, ein Motiv aus einfachen Grundformen aufzubauen, als es vom Umriss her zu gestalten. Selbst komplexe Motive lassen sich in einfache Grundformen wie Kreise, Rechtecke, Vier- oder Dreiecke, Ovale und Ellipsen zerlegen. Dies hilft bei der Darstellung der Proportionen und auch bei der Perspektive. Das Gerüst dieser aus Grundformen zusammengesetzten Zeichnung verschwindet später unter dem ausgearbeiteten Bild.

Mit schwachen Hilfslinien werden die Grundformen zu Papier gebracht. Bei symmetrischen Gegenständen ist das Einzeichnen einer senkrechten Mittelachse hilfreich, bei der Darstellung von Proportionen sind dagegen rasterförmige Hilfslinien nützlich. Ergänze die Grundformen durch weitere Details, die sich durch die Perspektive ergeben.

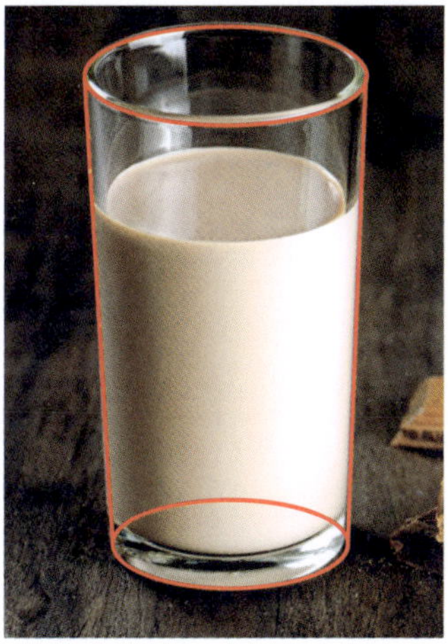

So werden Boden und Ränder eines von schräg oben betrachteten Glases elliptisch dargestellt und das Glas somit zum Zylinder. Wenn Proportionen und Perspektive stimmig sind, folgt die Ausarbeitung. Die Umrisslinien werden dabei einfach über die Grundformlinien gelegt. Hast du so die Konturen herausgearbeitet, kannst du diese mit kräftigen Strichen nachziehen und die Hilfslinien ausradieren.

Betrachte dein Motiv und zerlege es gedanklich in einfache Grundformen. Konzentriere dich dabei nur auf die Form der Objekte und ihre Position im Raum. Hierbei solltest du die eigentliche Dreidimensionalität der Gegenstände und Abweichungen im Umriss bewusst ignorieren: Äpfel erscheinen rund, ein Glas rechteckig usw. Vor allem bei Tieren ist es hilfreich, den Bild- bzw. Körperaufbau aus Grundformen zu konstruieren. So lassen sich selbst schwierige Motive auf Rechtecke, Dreiecke, Kreise oder Ellipsen reduzieren.

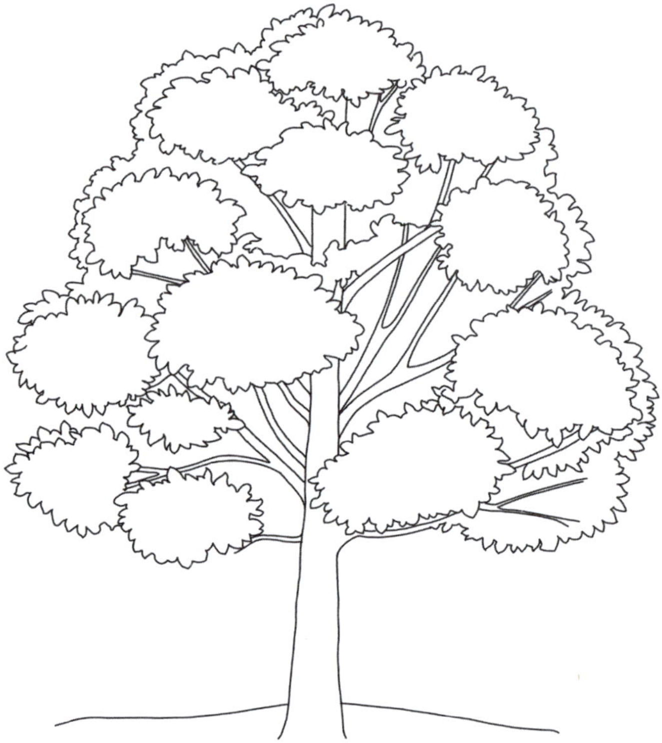

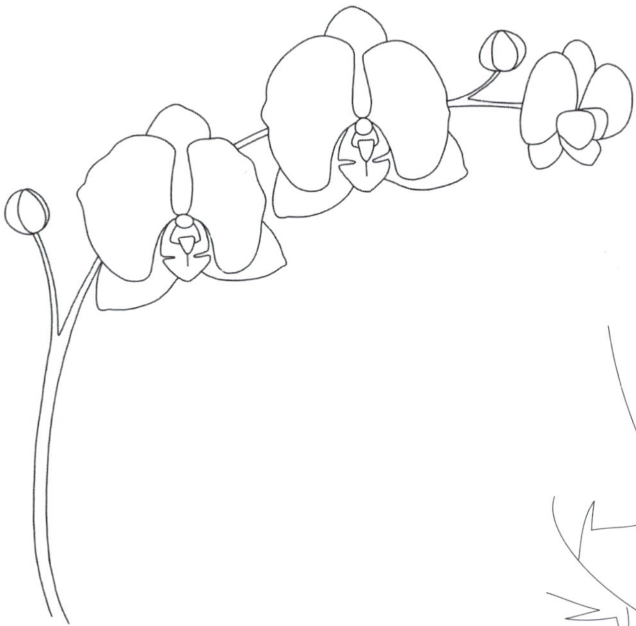

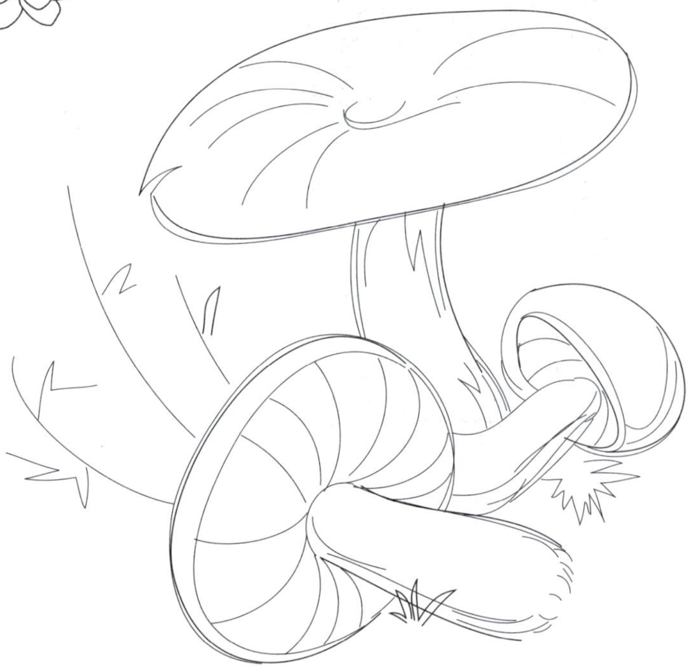

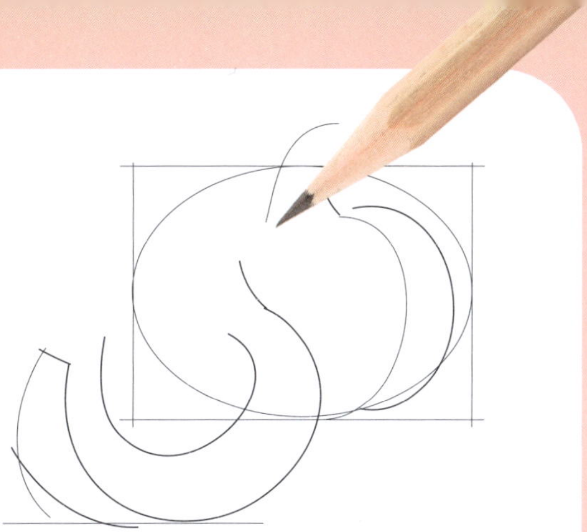

Pflanzen

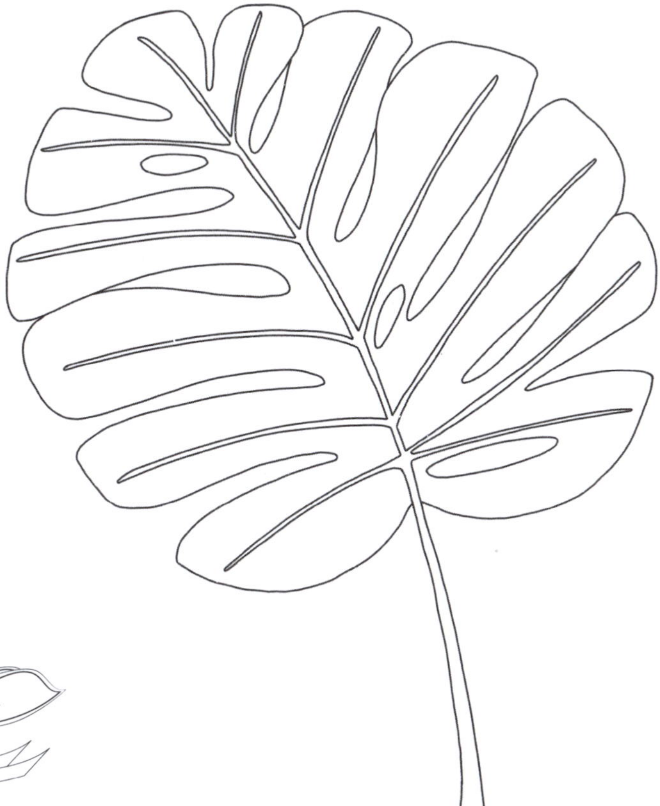

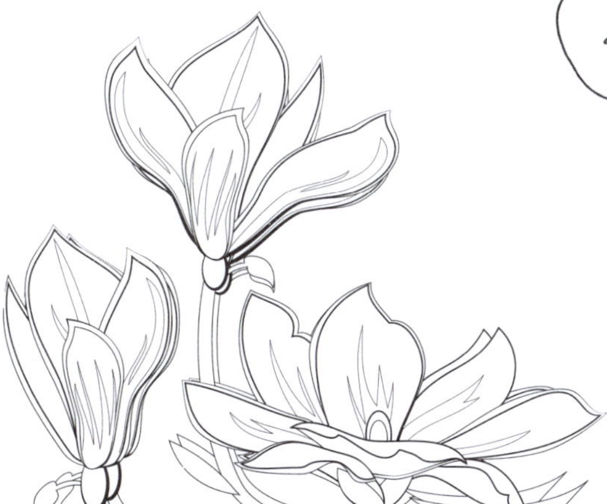

Tulpe ★★

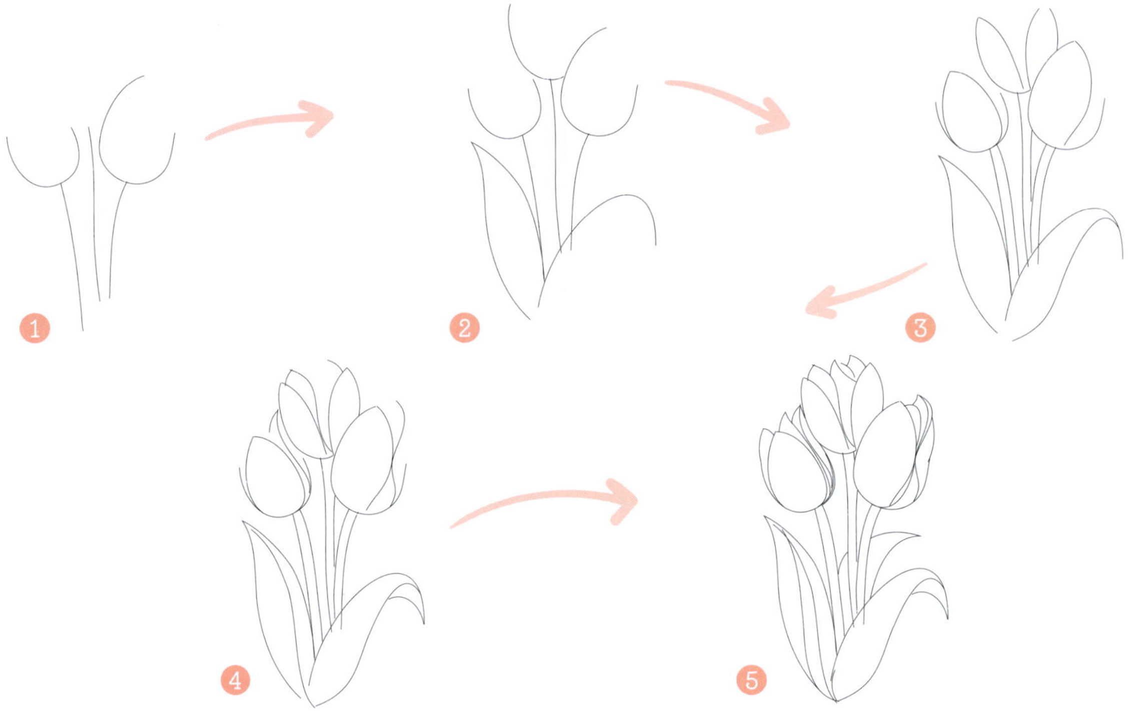

Sonnenblume ★★★

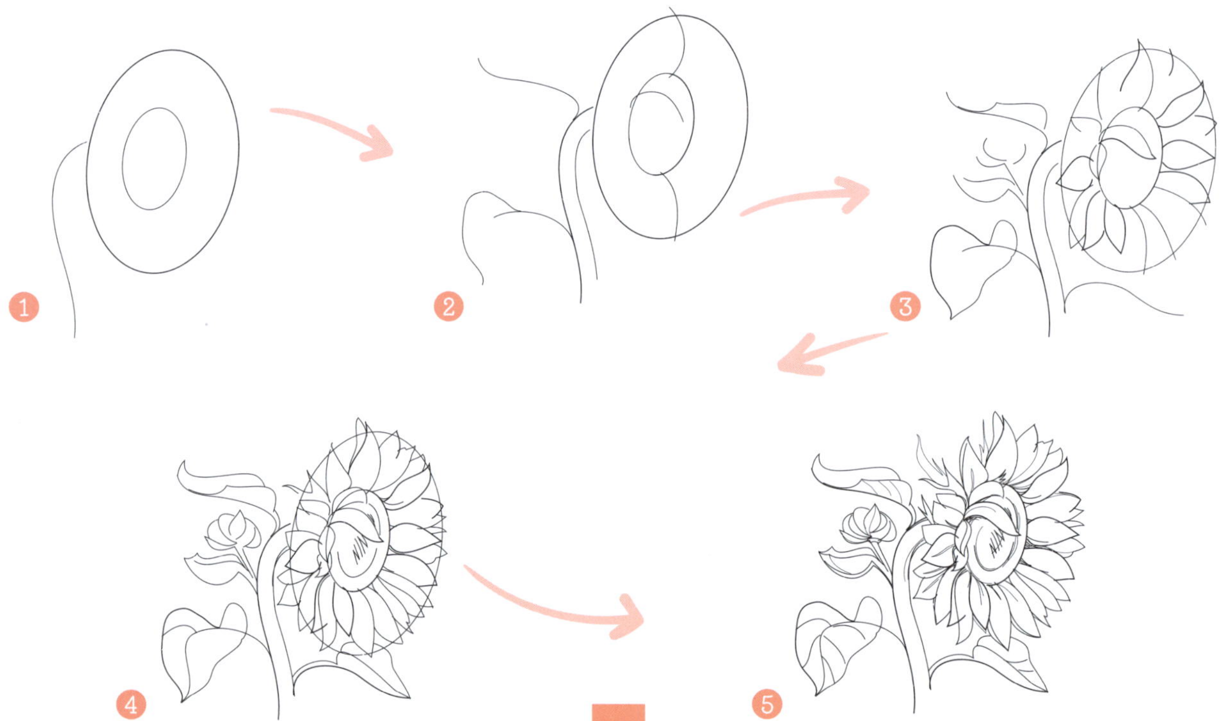

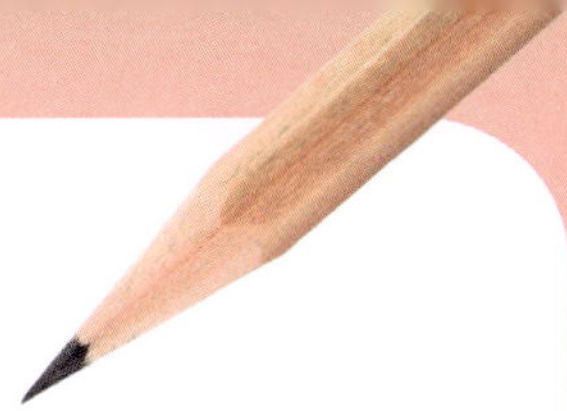

Maiglöckchen ★★★

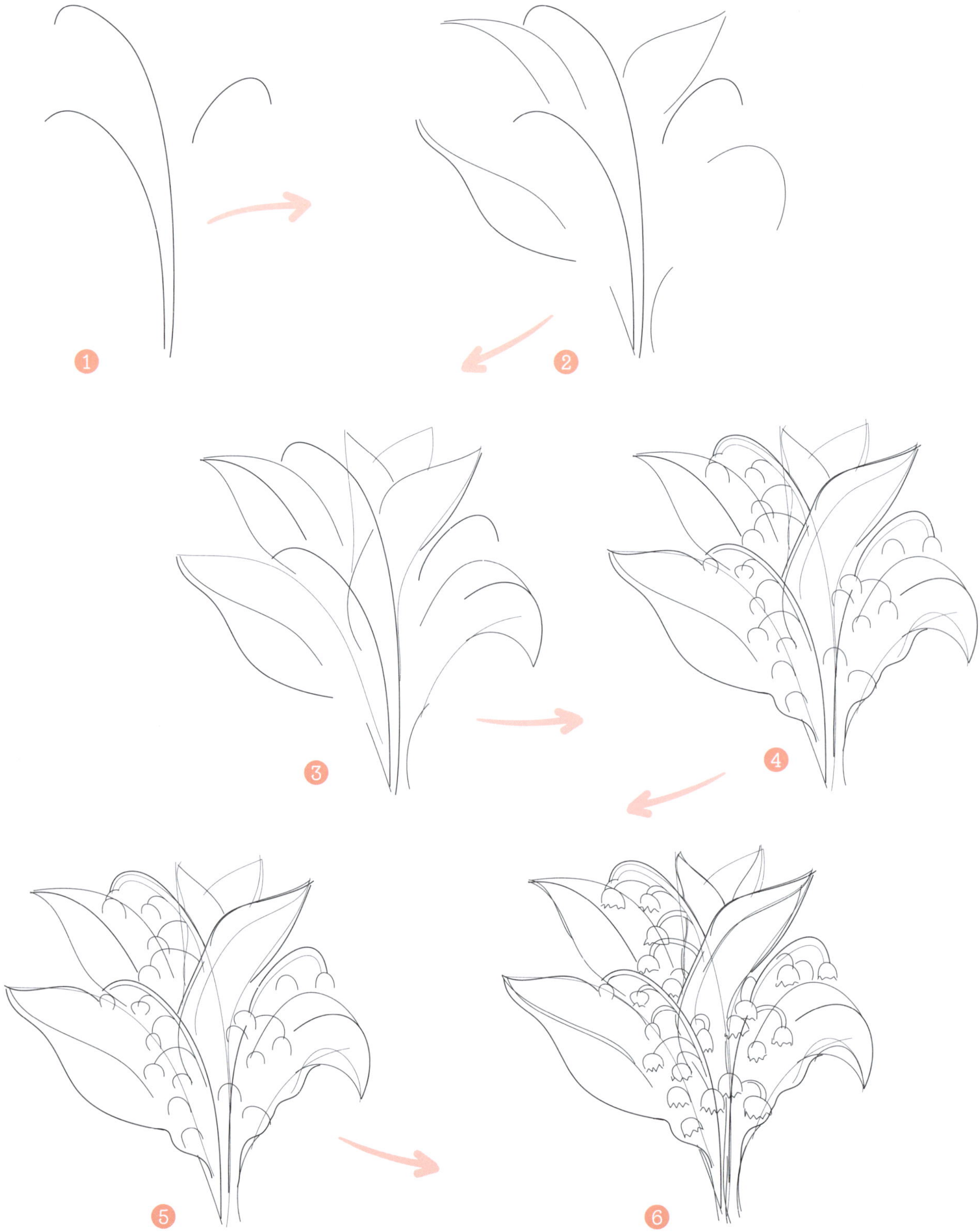

Baum ★★

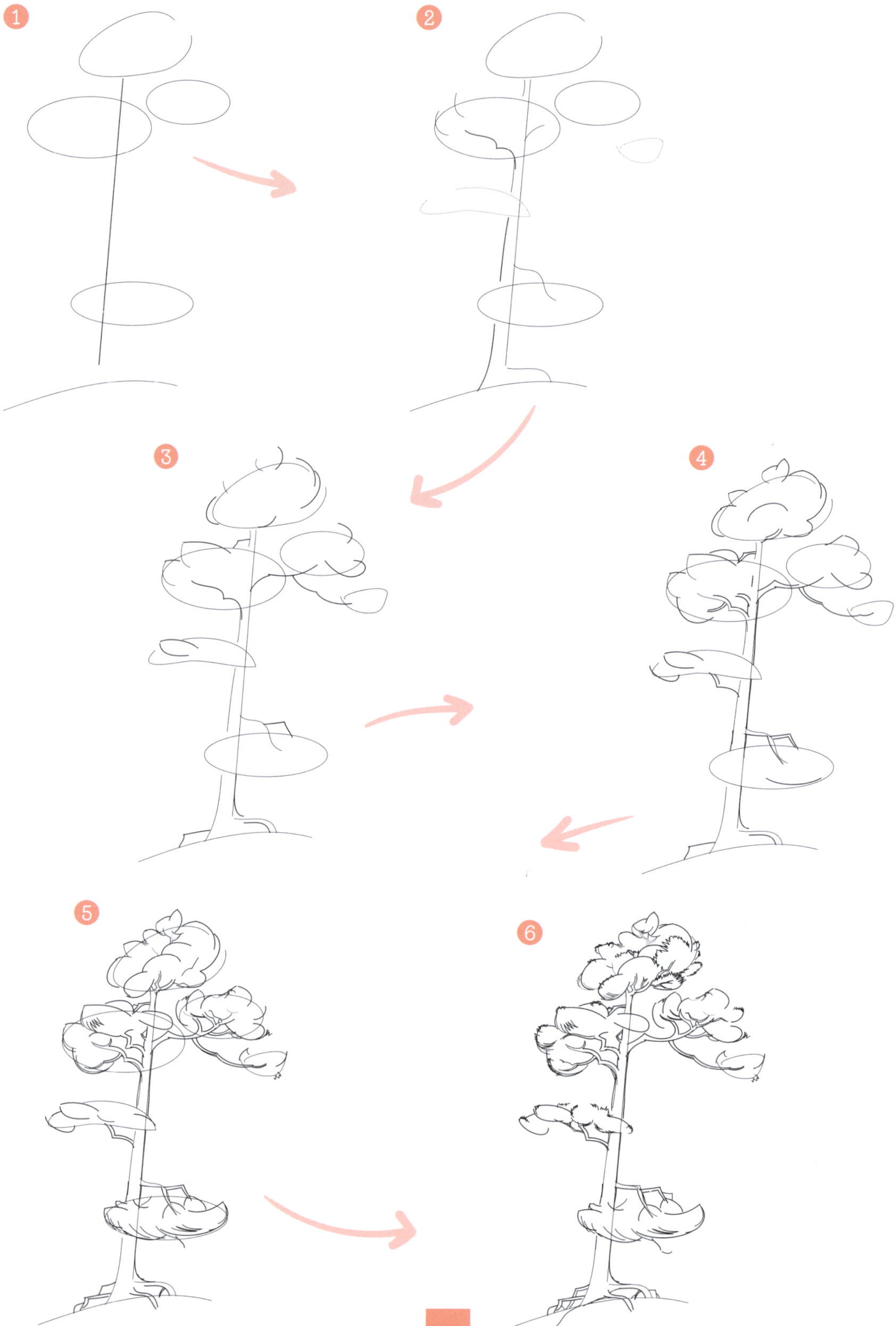

Banane ★

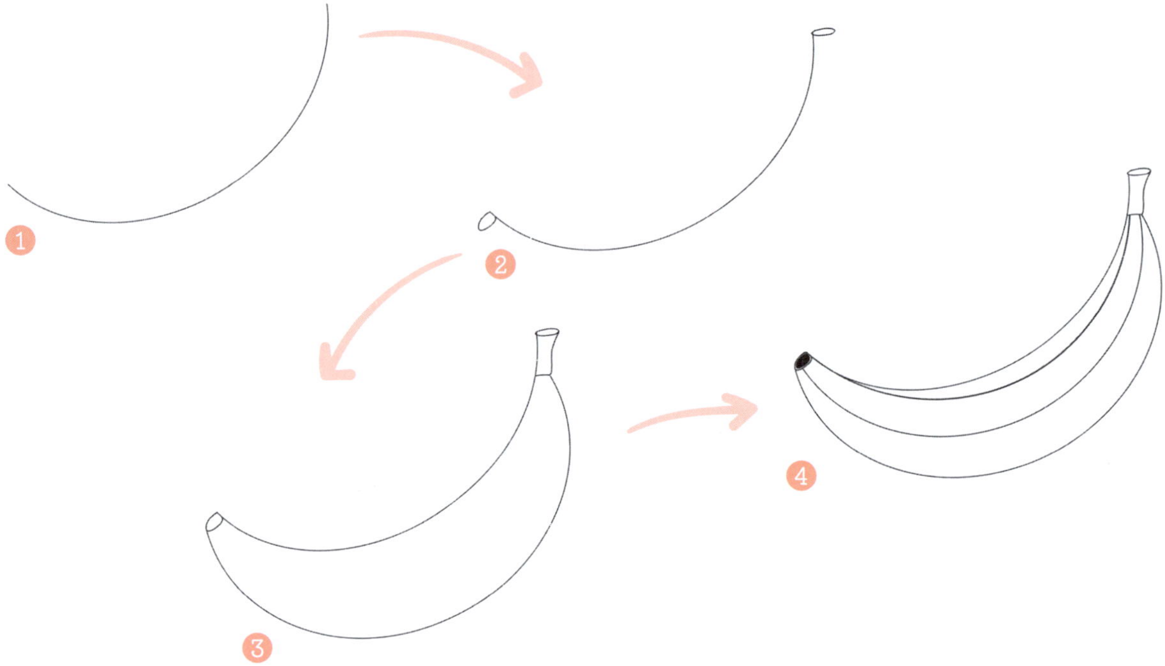

Linde ★

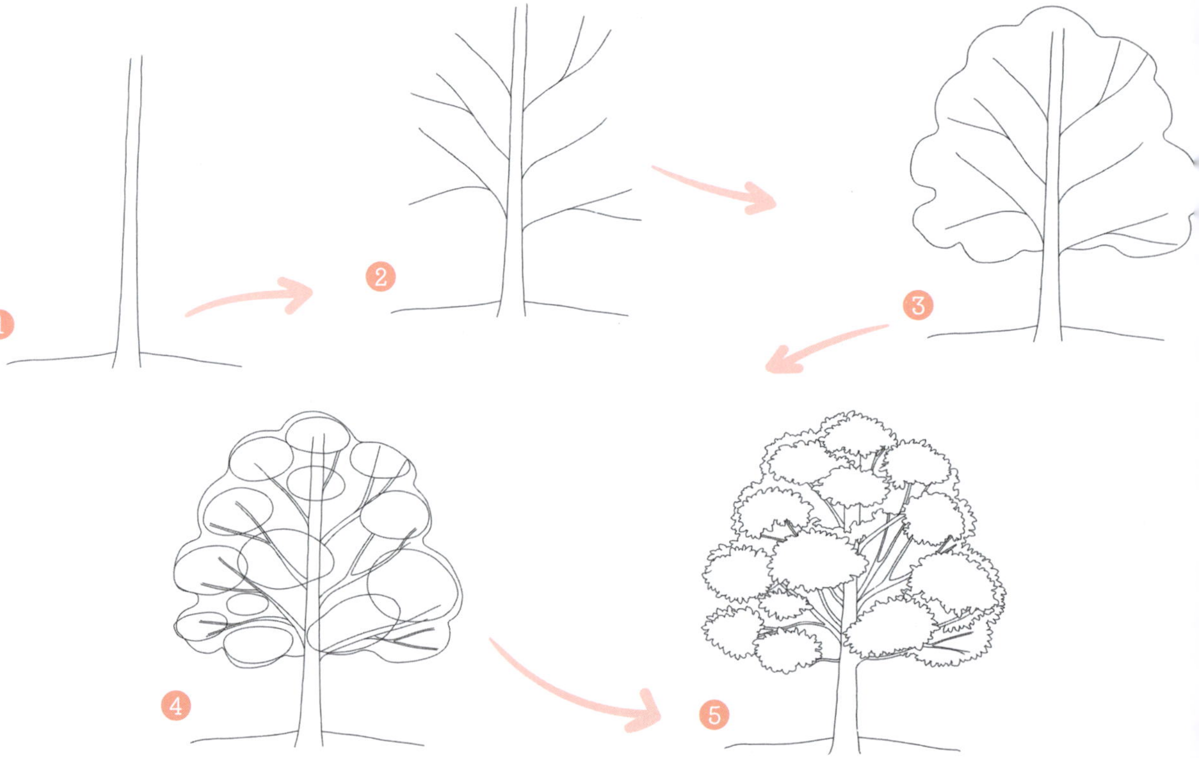

Pilze ★★

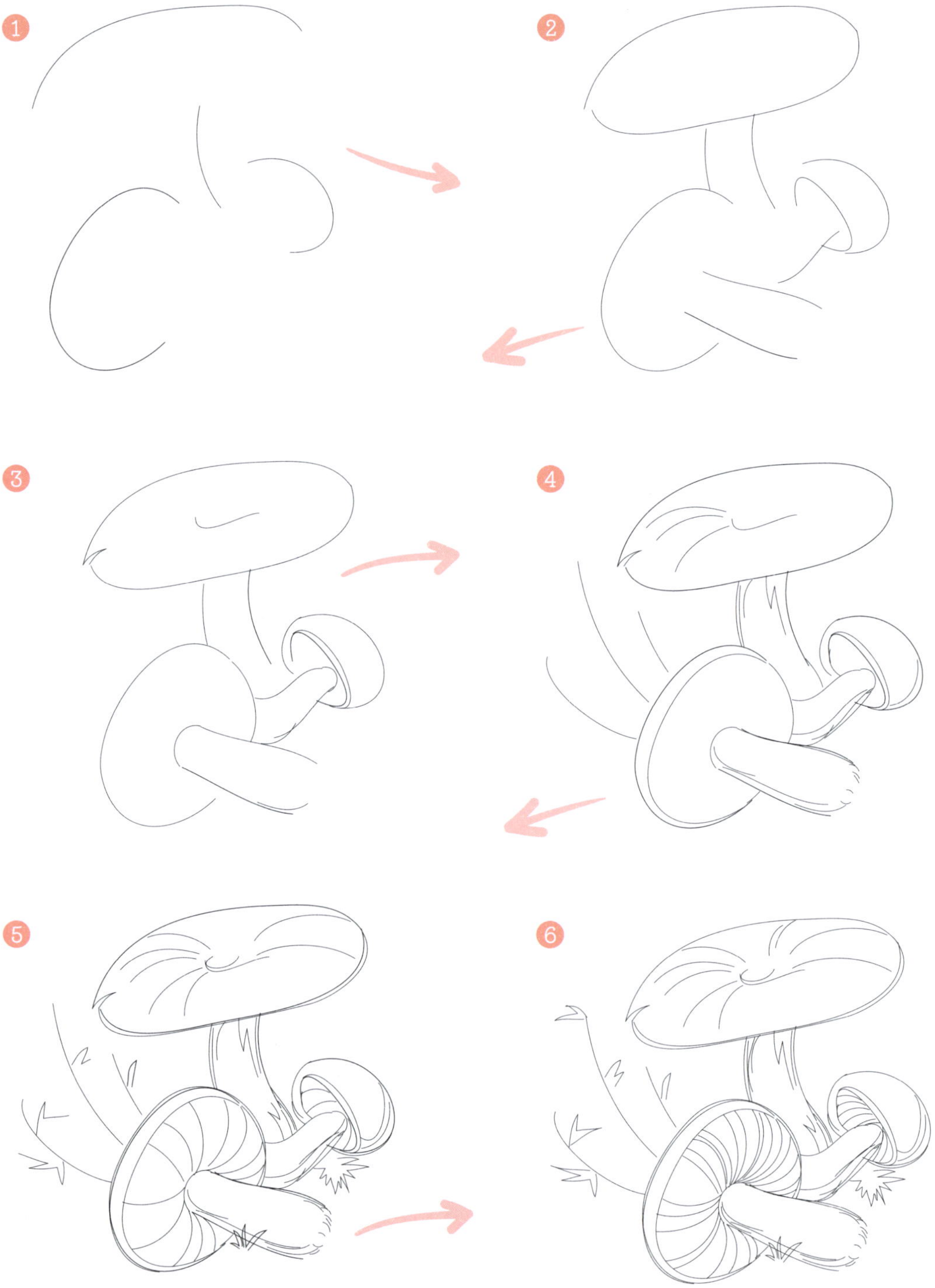

Kürbis ★★

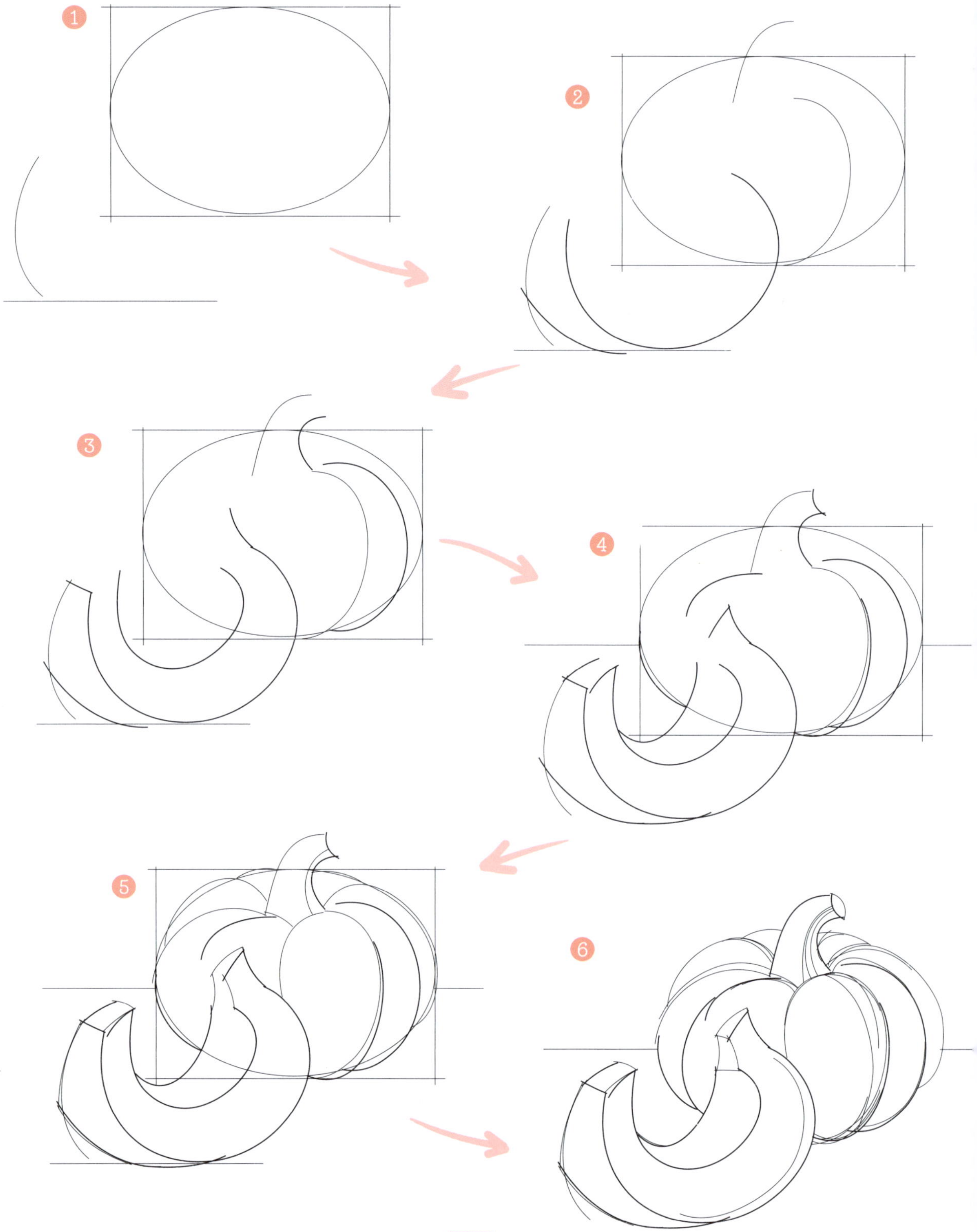

Apfel ★

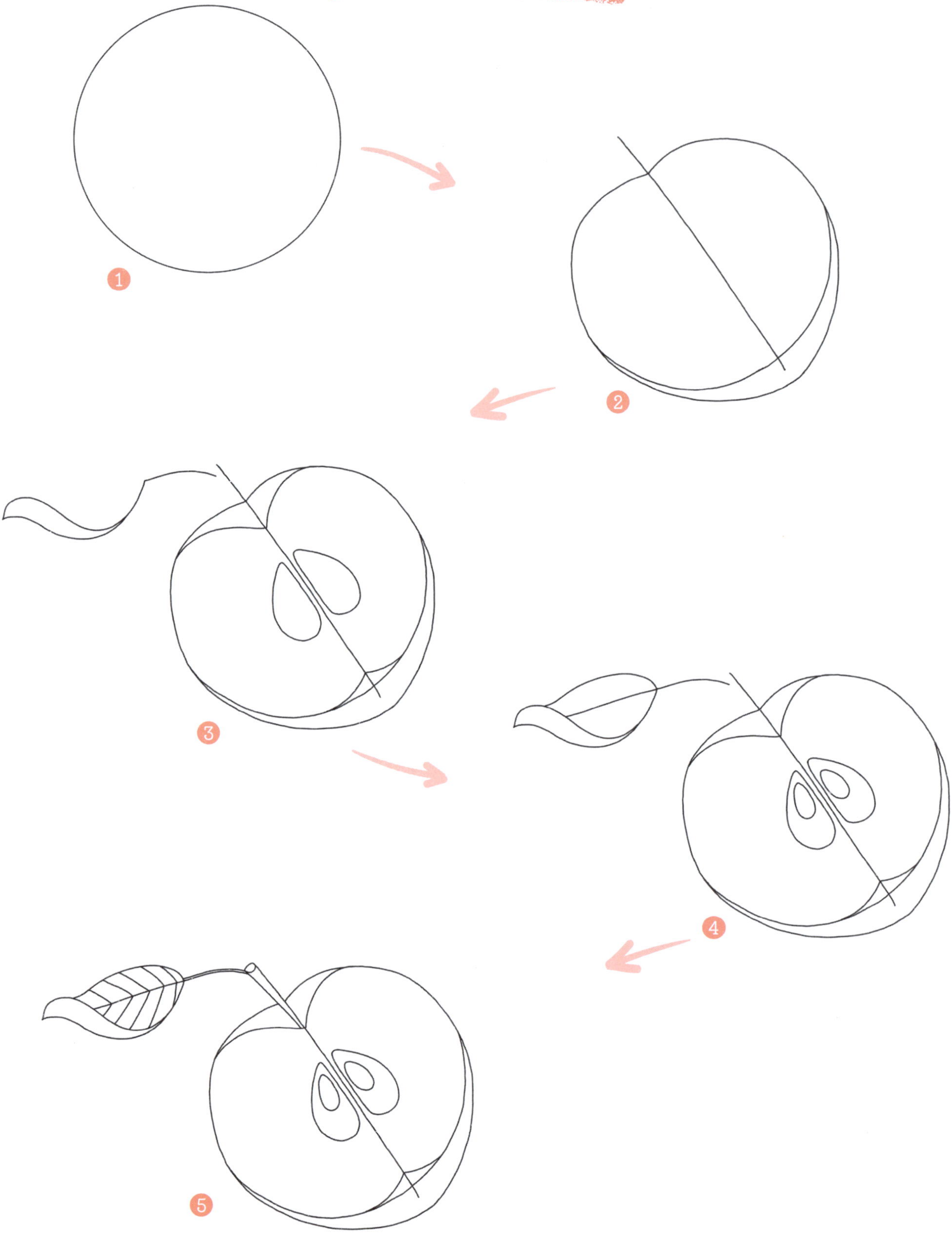

Erdbeere ★

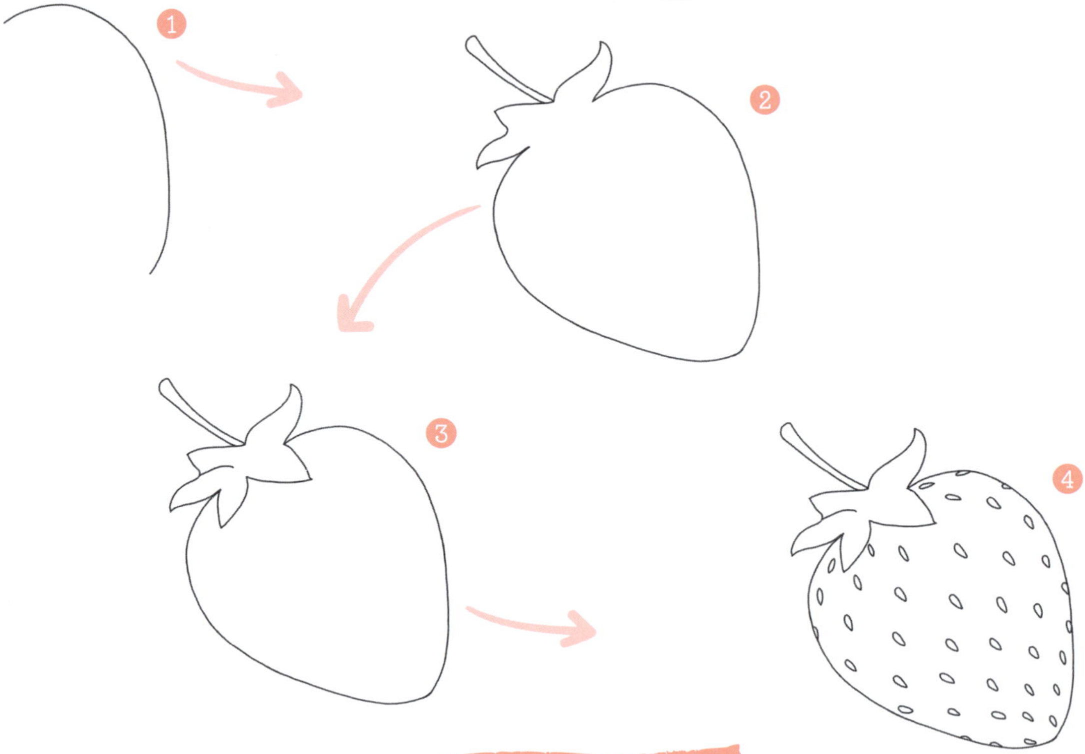

Limette ★

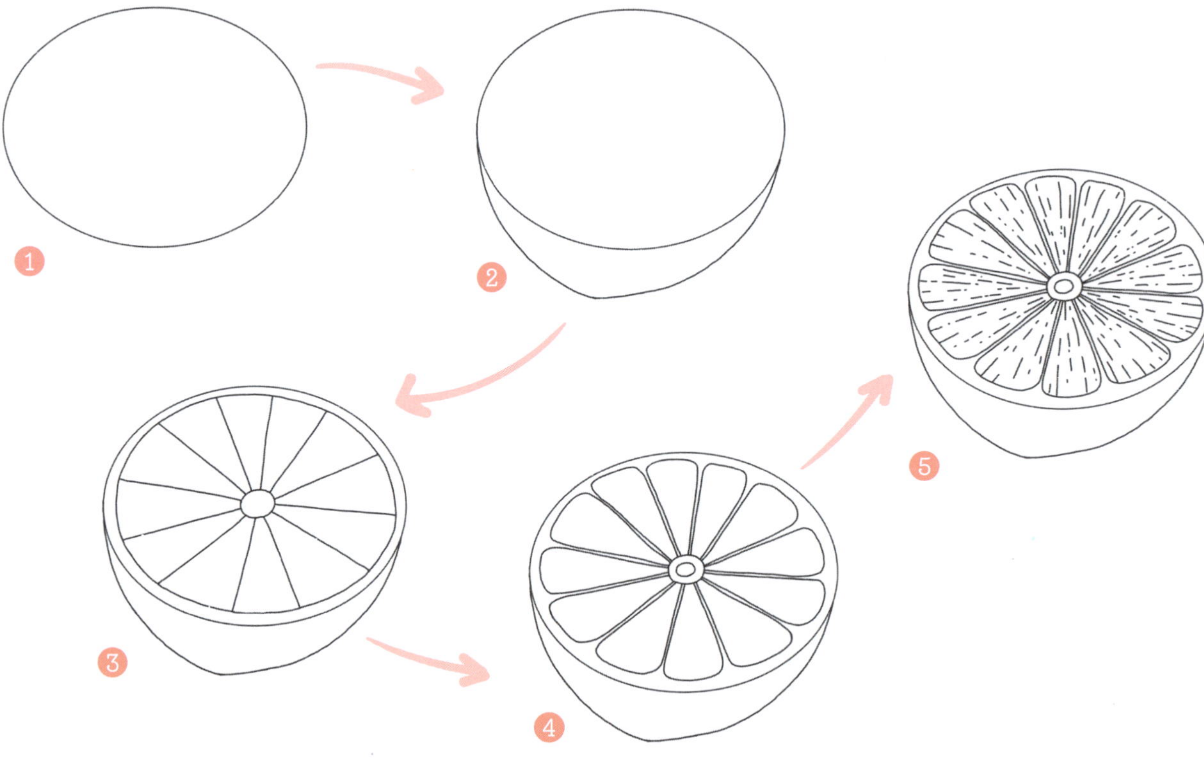

Palme ★

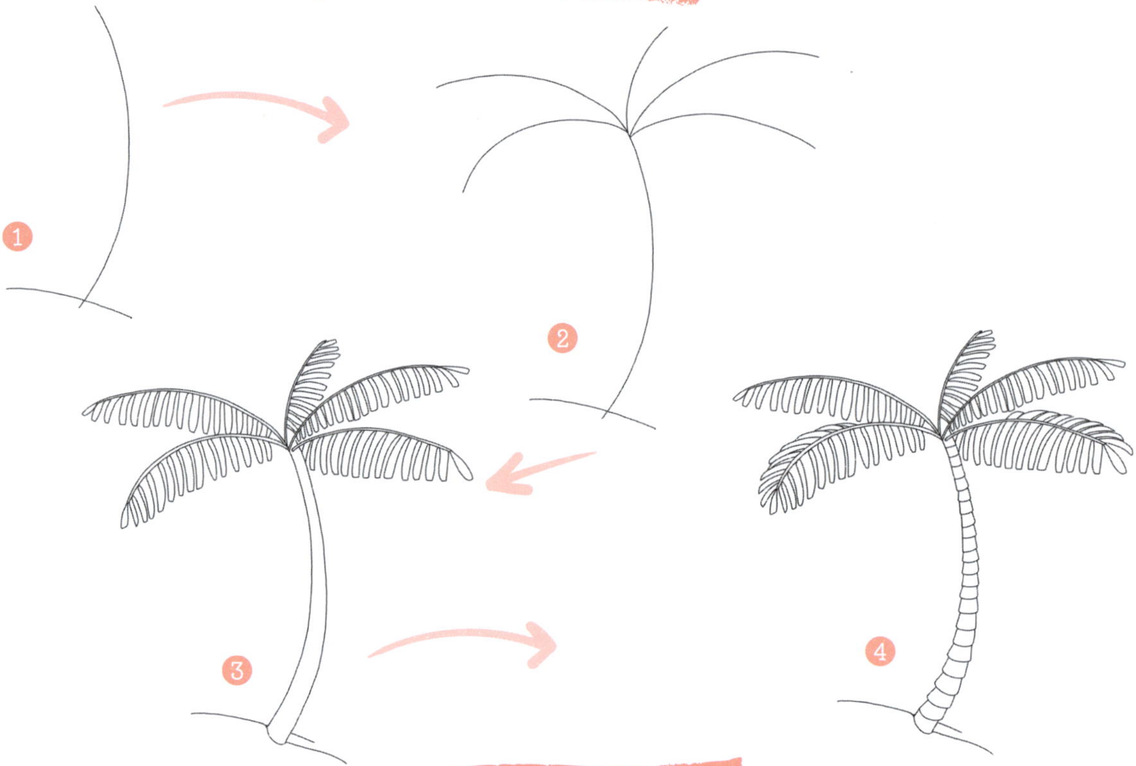

Pusteblume ★★★

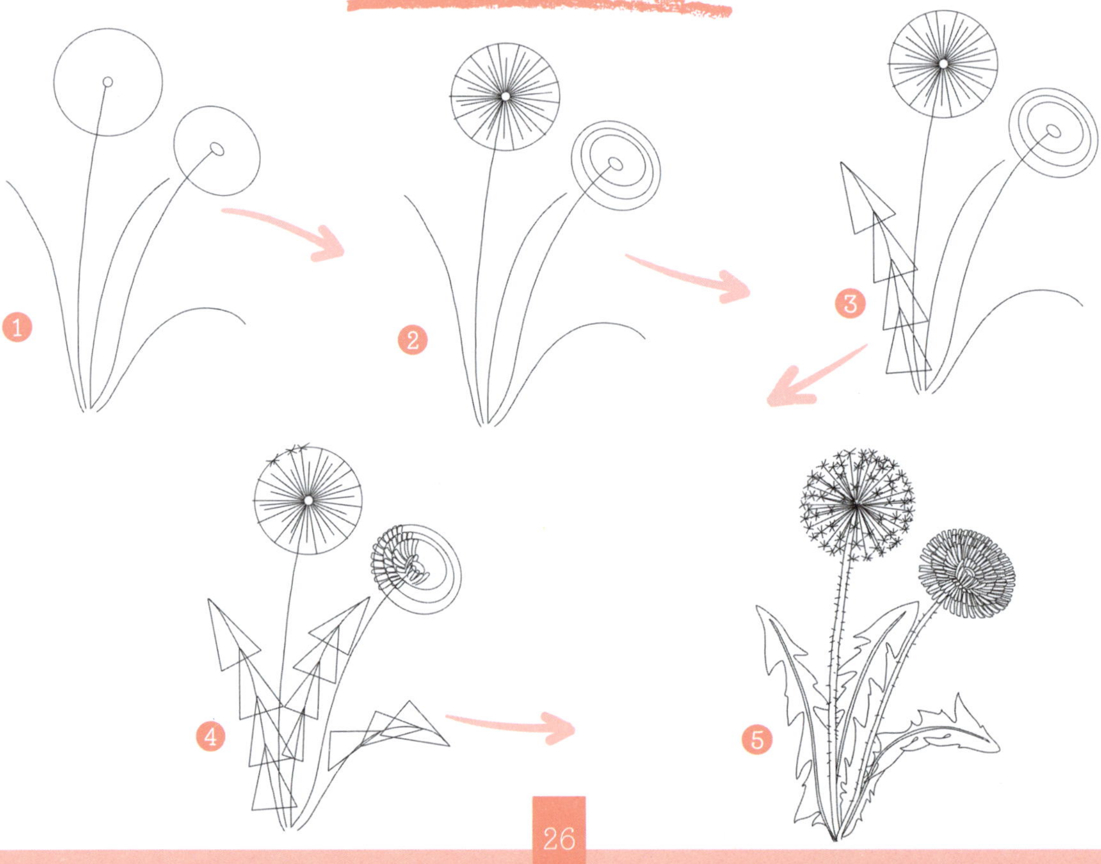

Rose ★

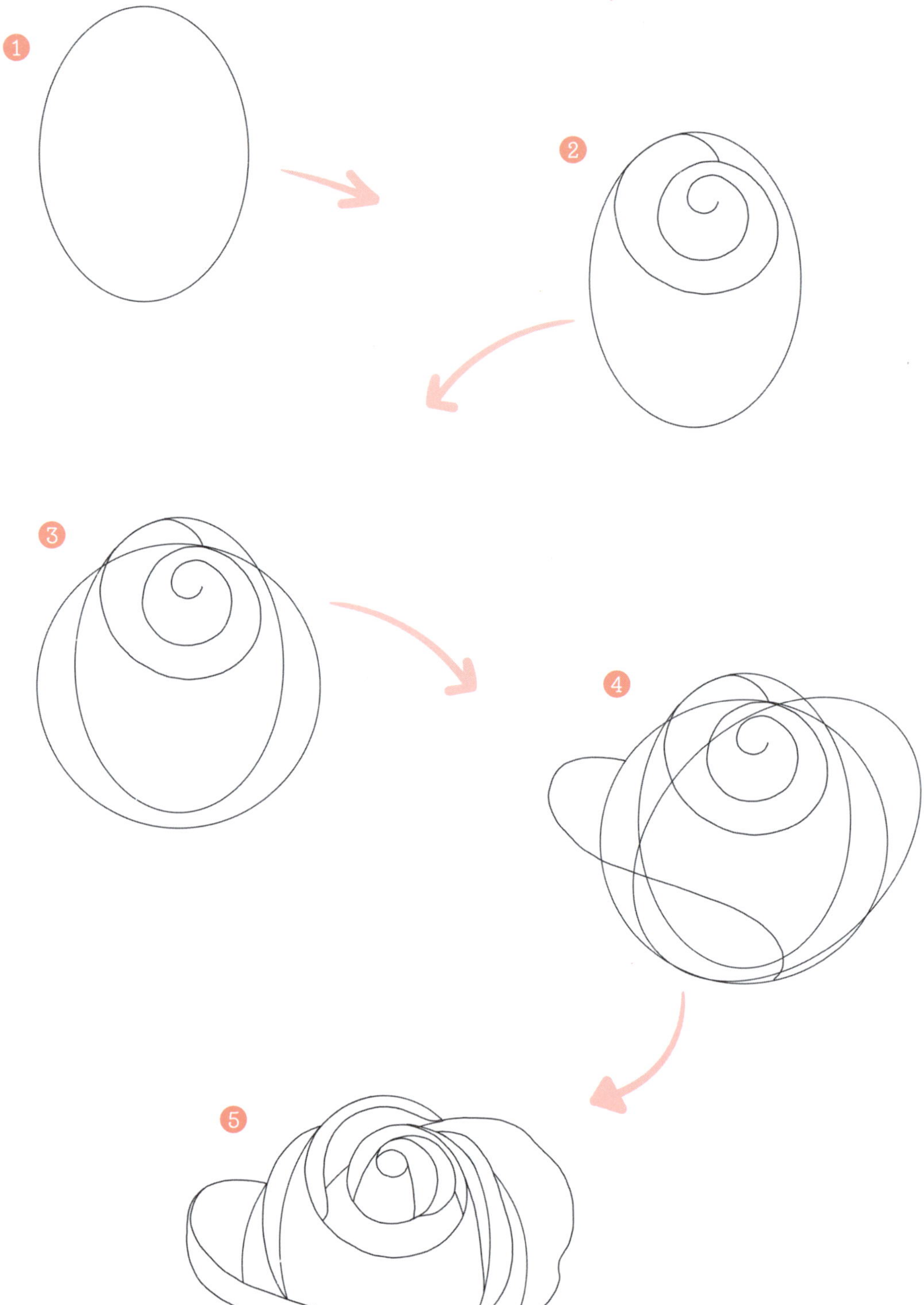

Kaktus ★★

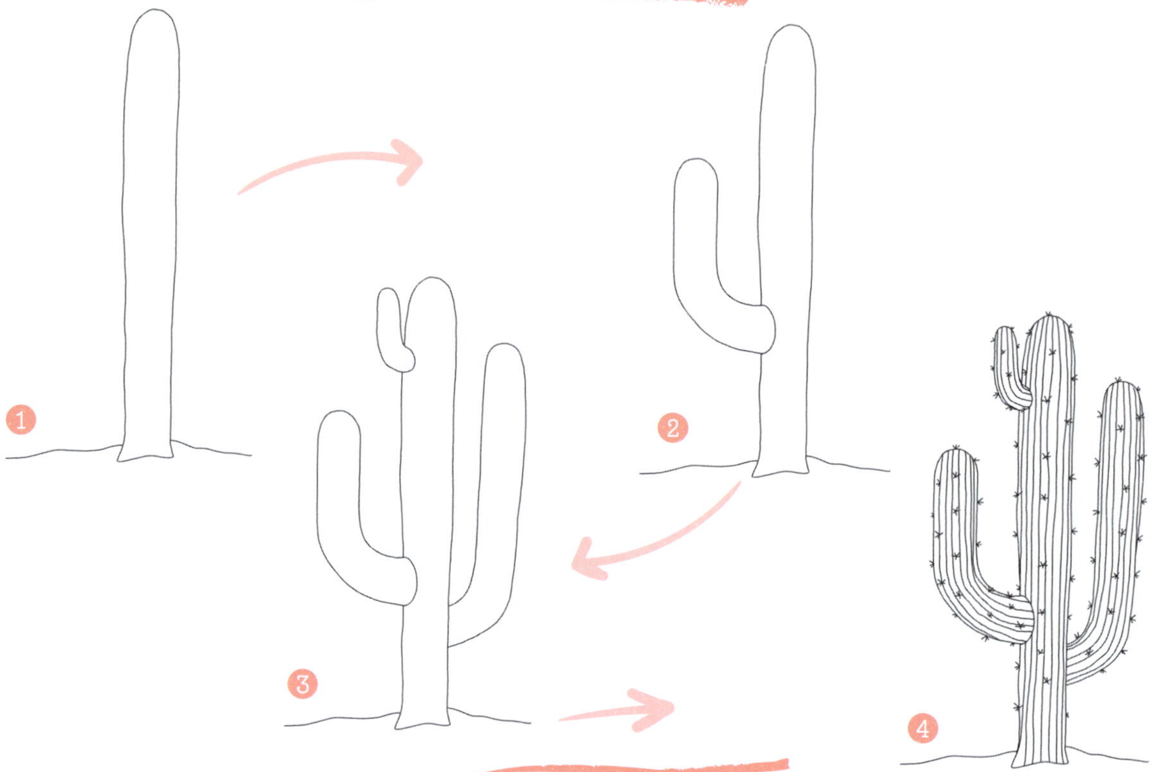

Seerose ★★★

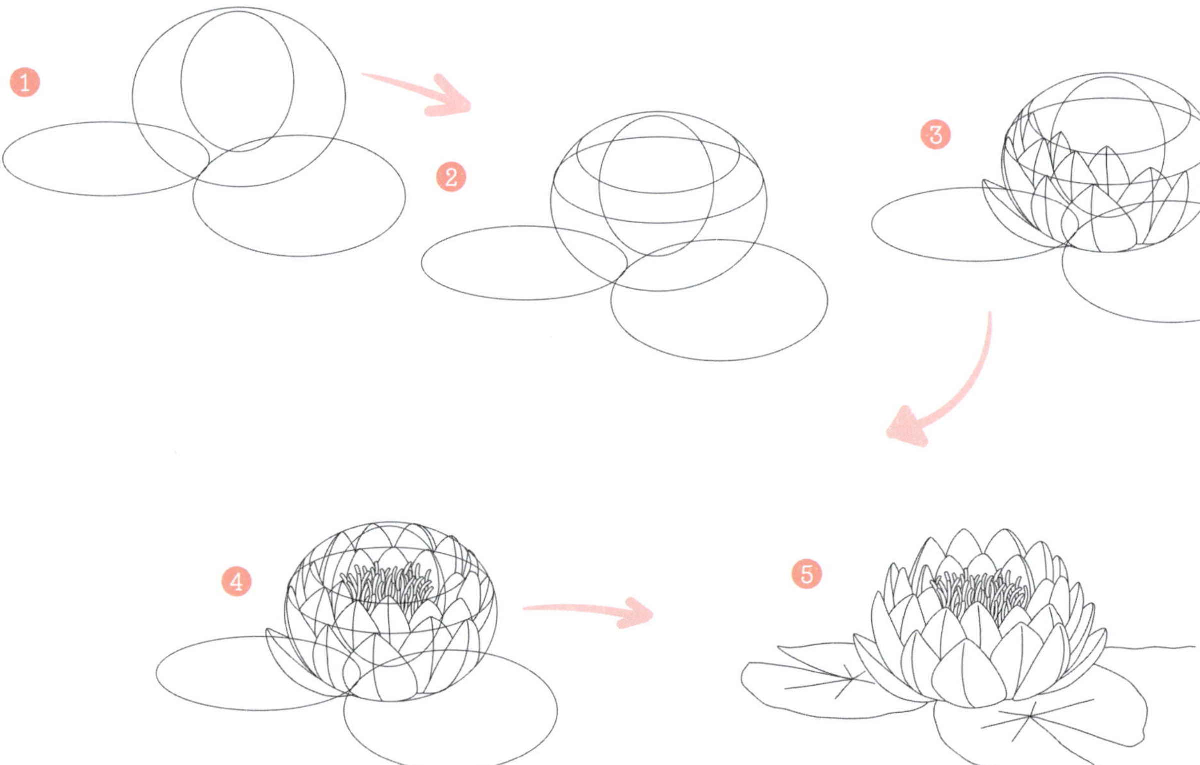

Orchidee ★★

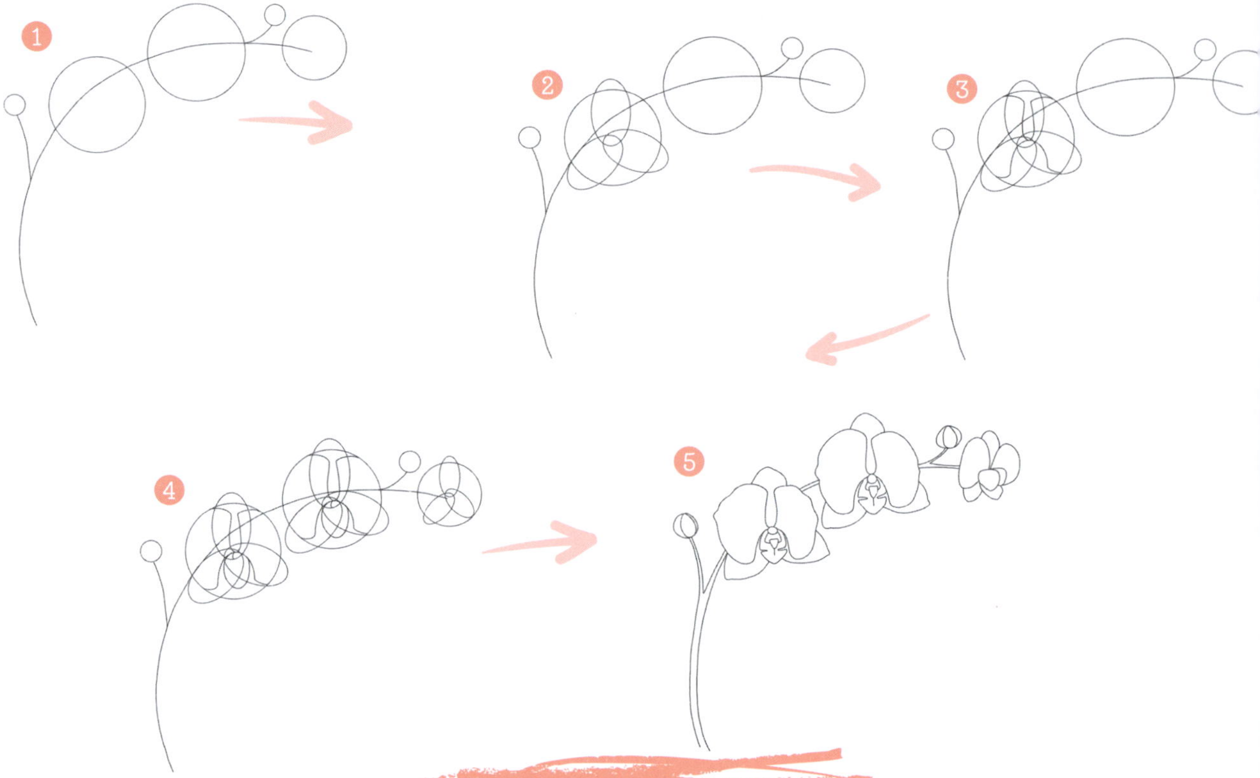

Monstera-Blatt ★

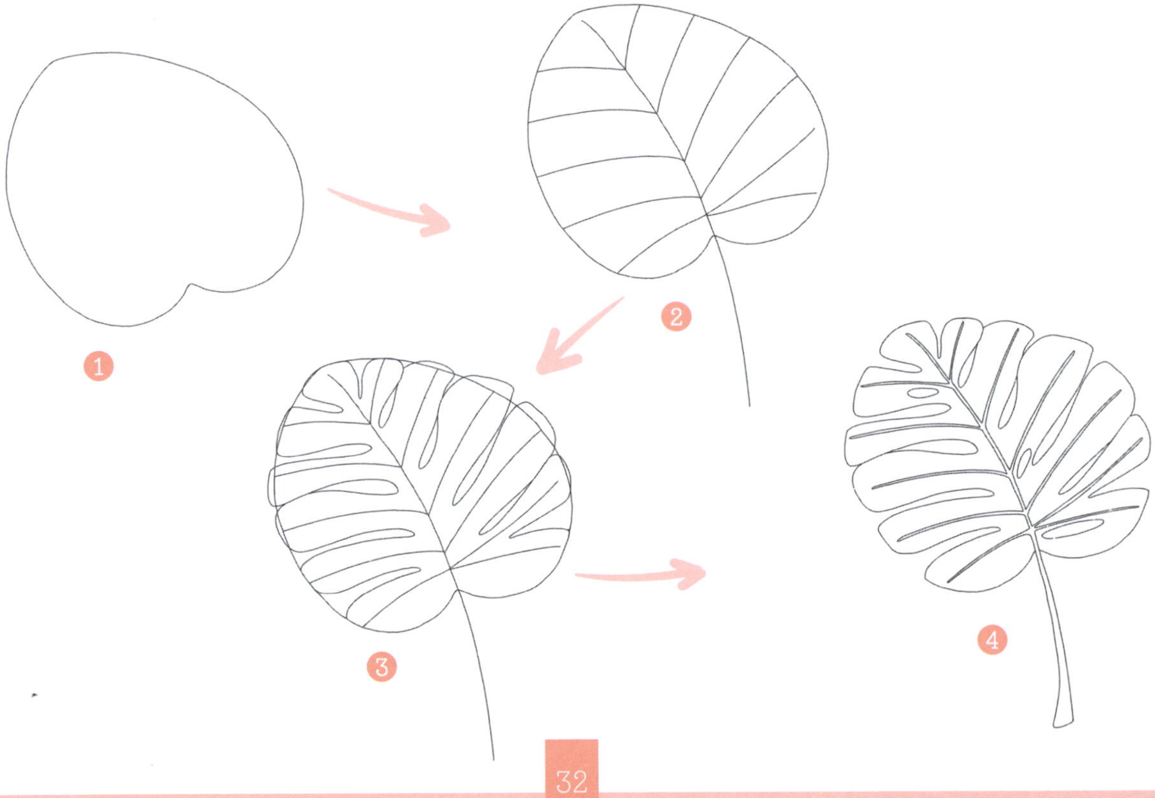

Magnolie ★★★

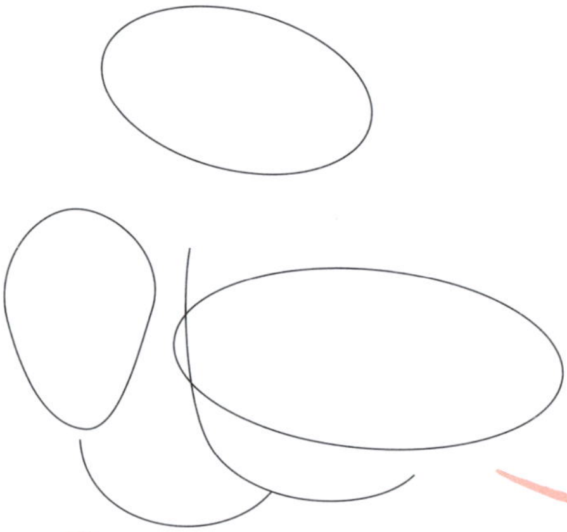

1

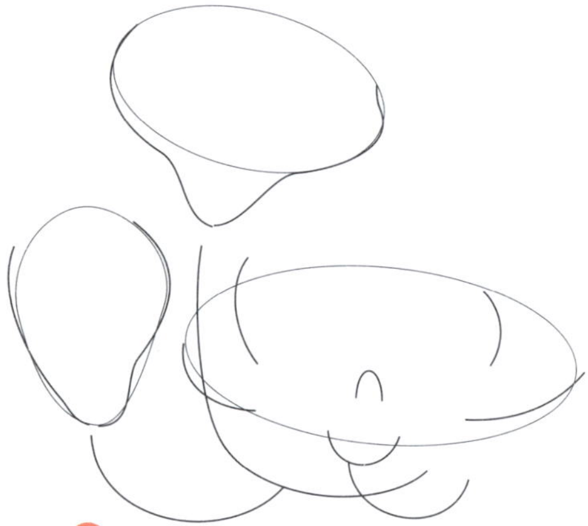

2

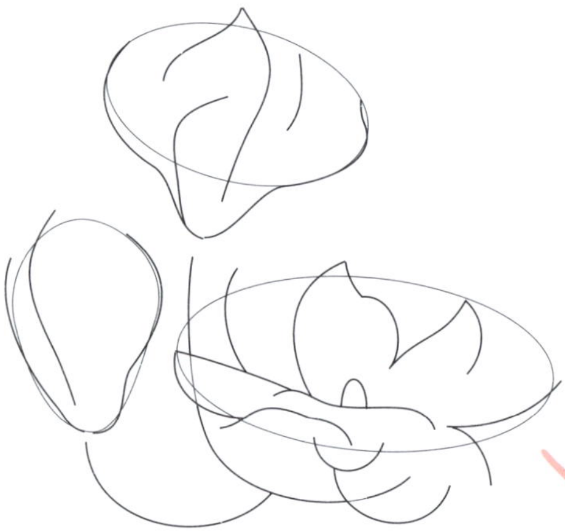

3

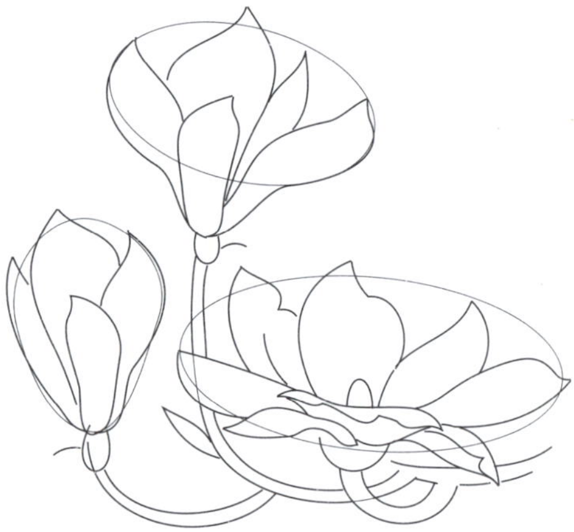

4

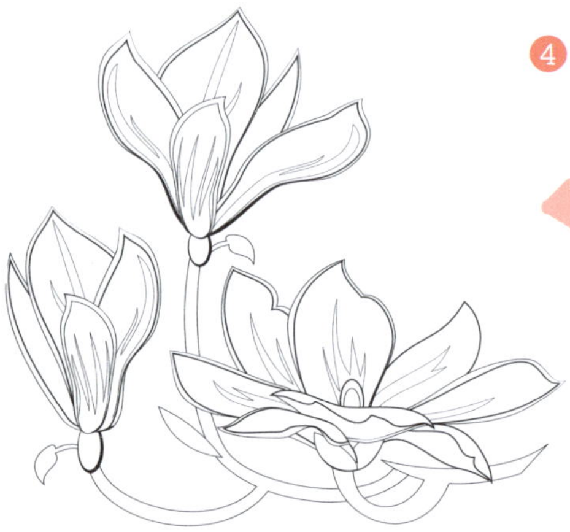

5

Osterglocke ★★

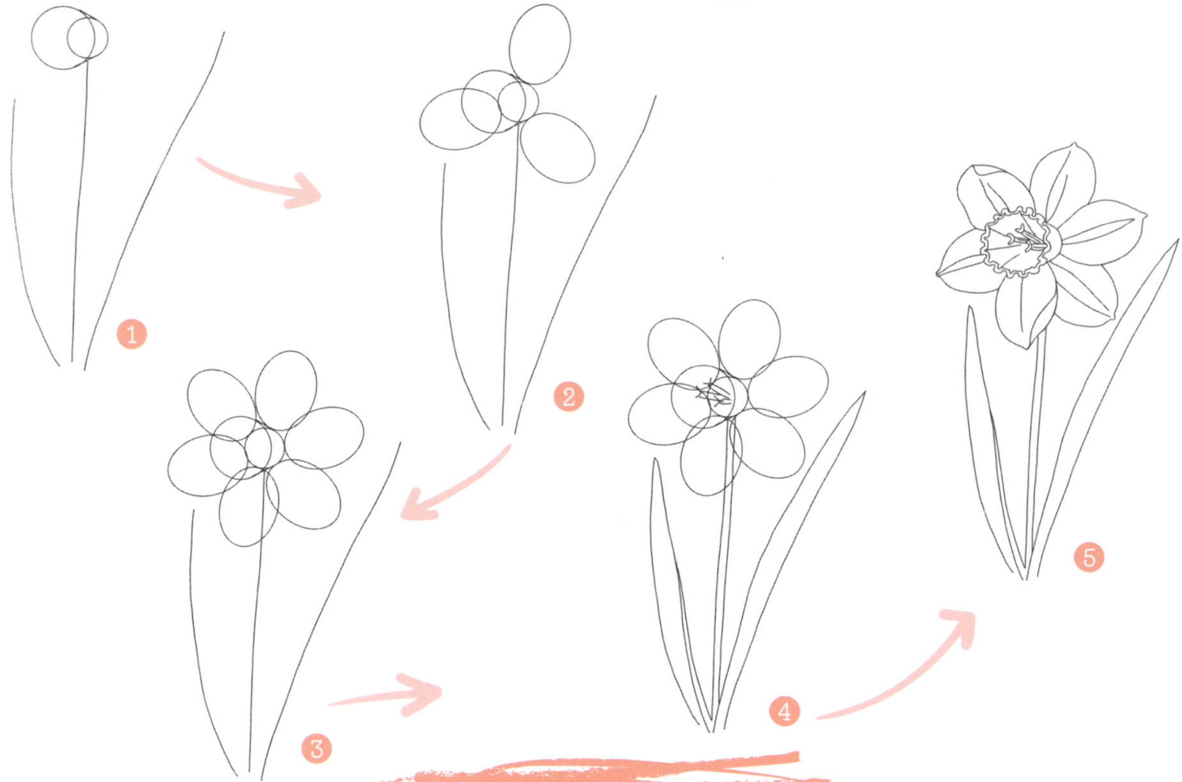

Tannenbaum ★

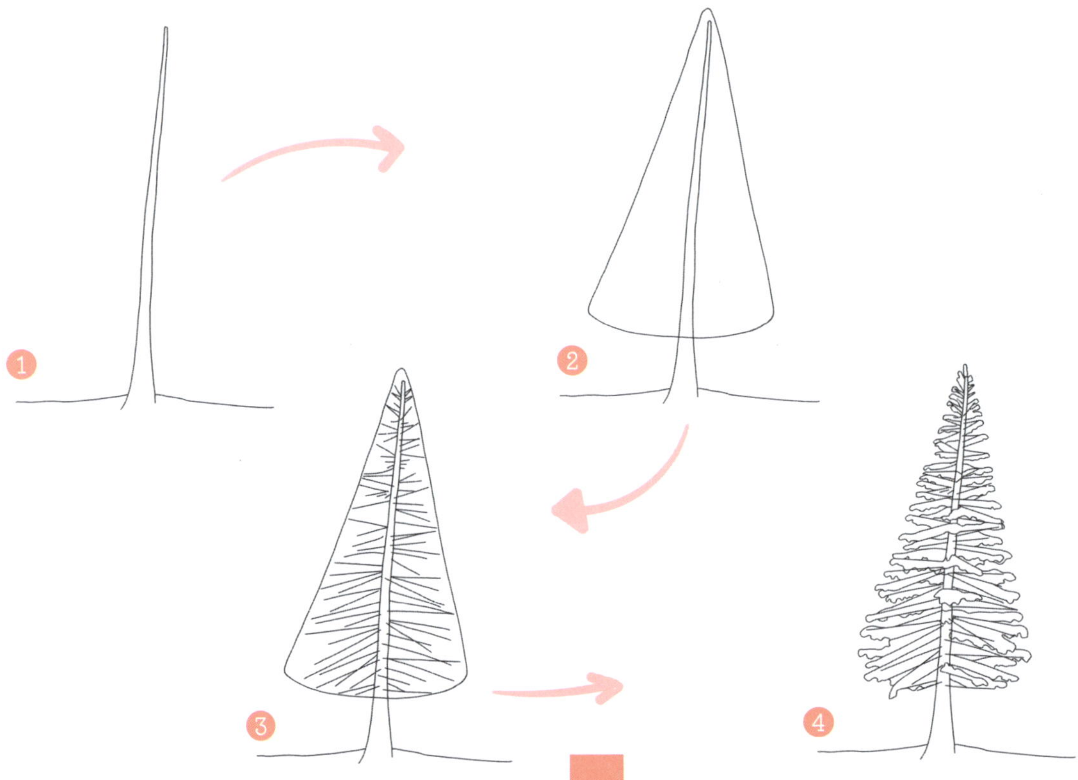

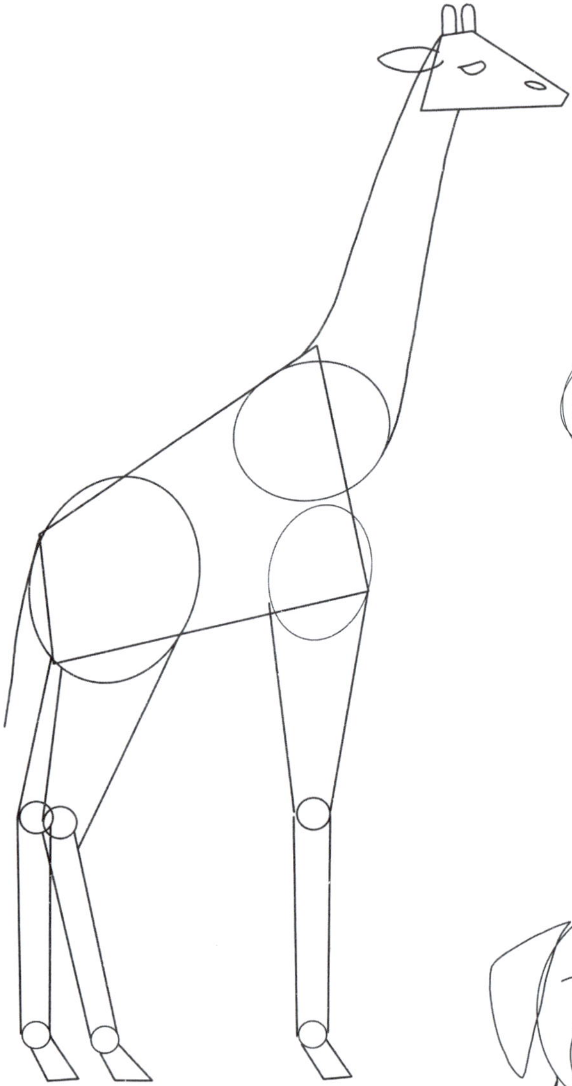
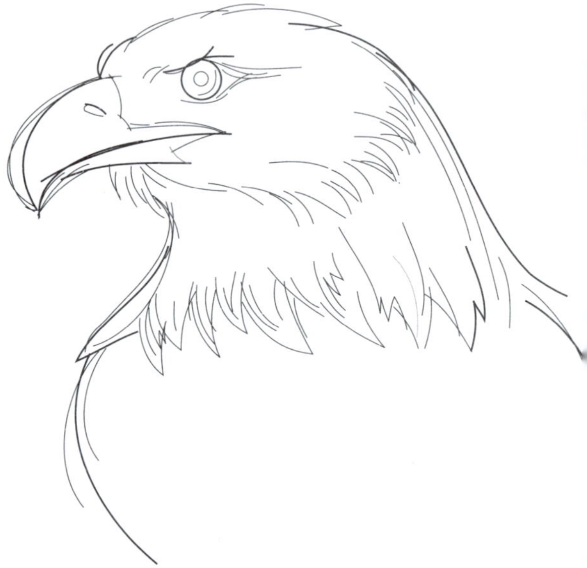
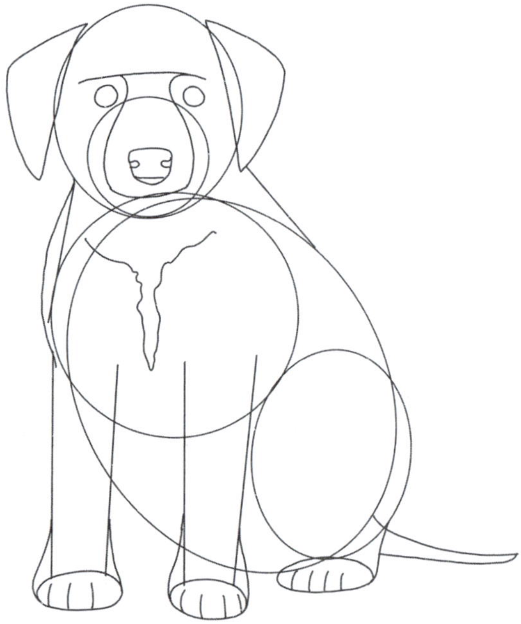

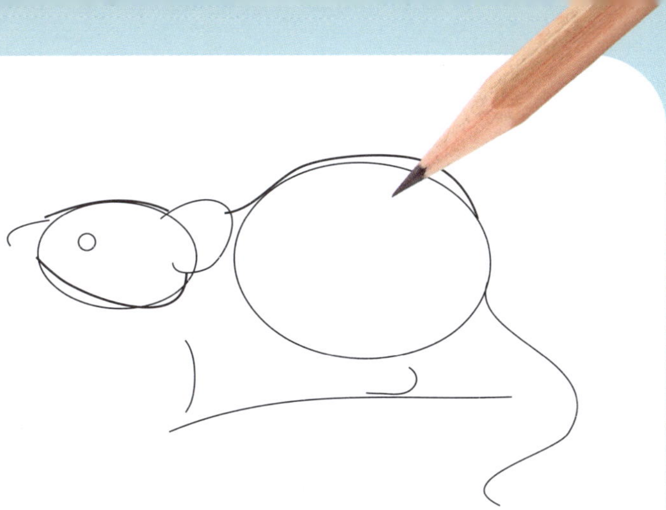

Tiere

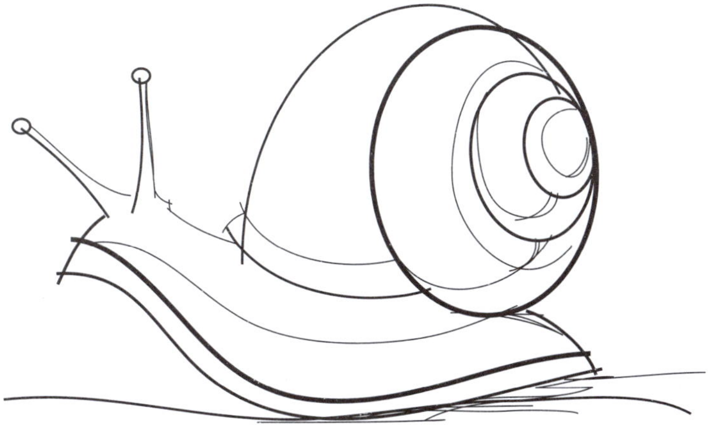

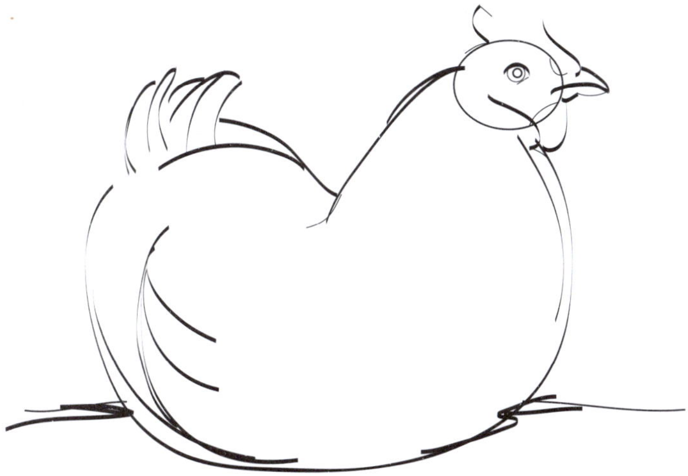

Schwein ★★★

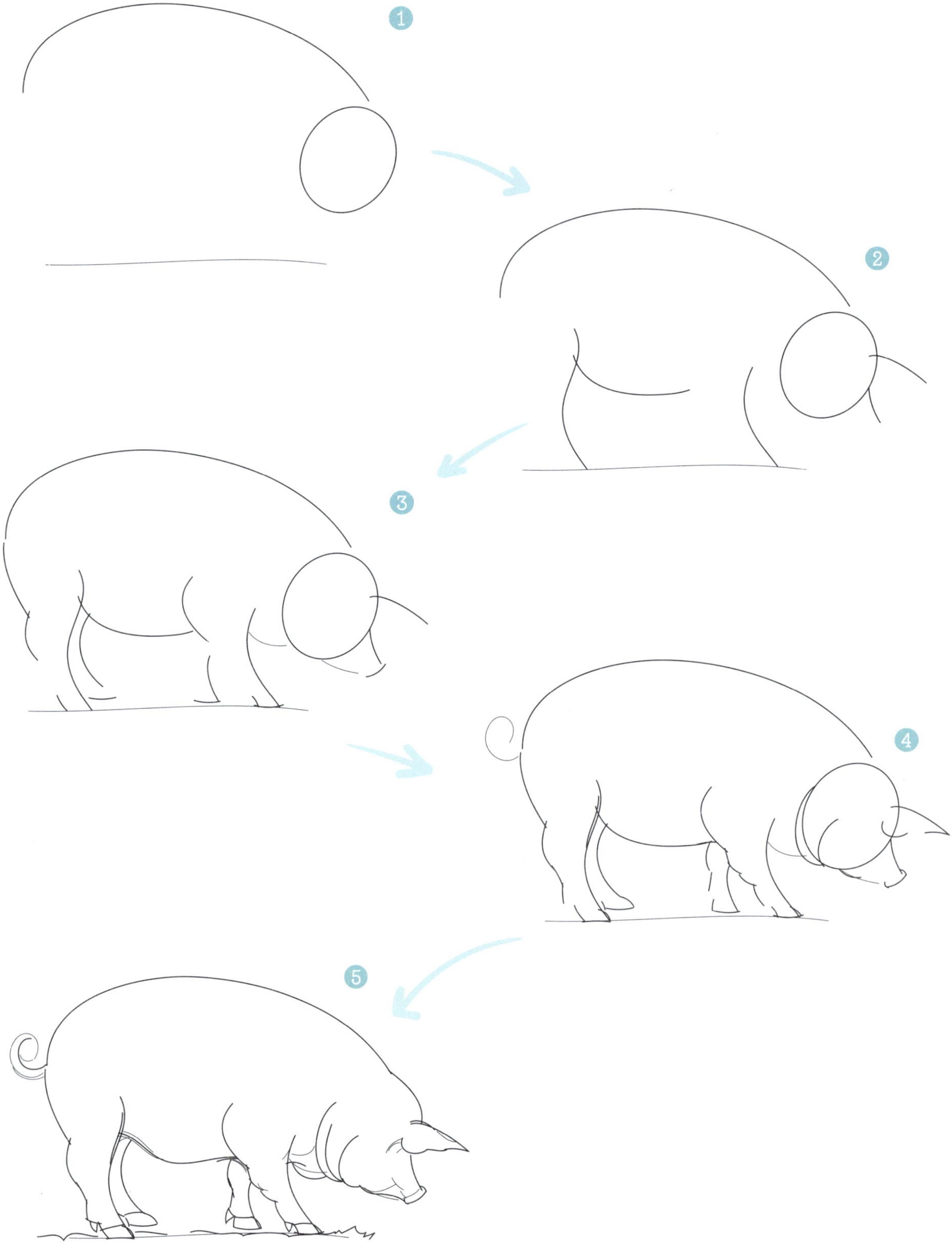

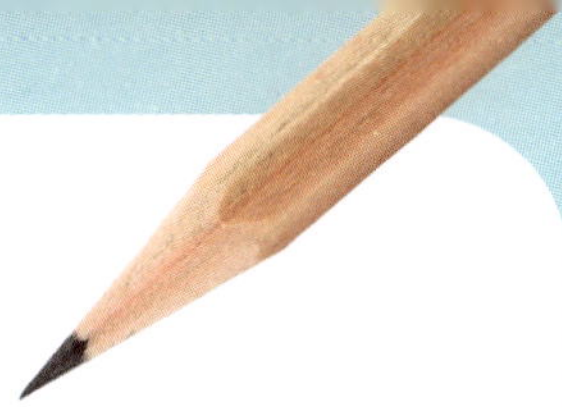

Kuh ★★★

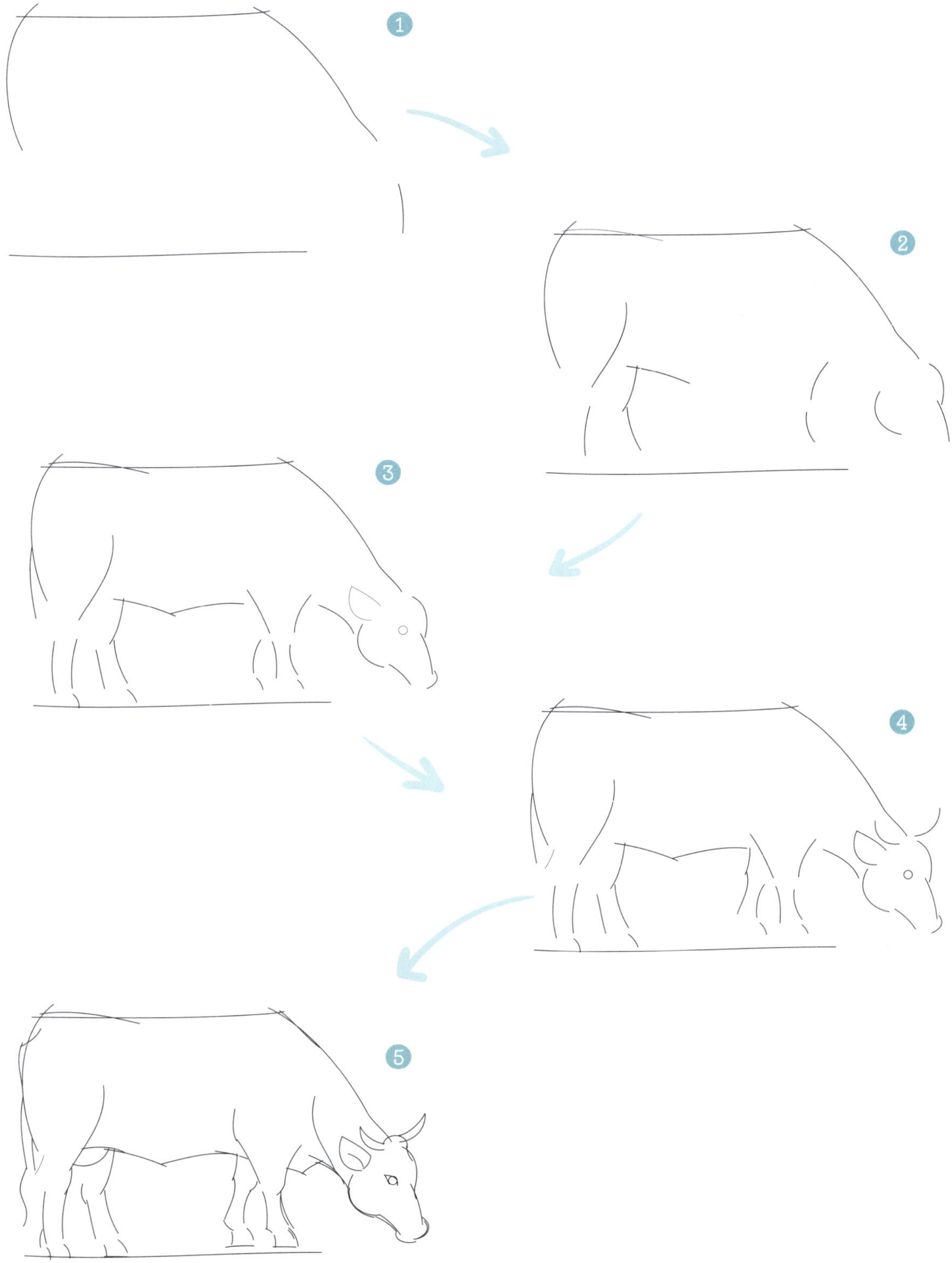

Kuhkopf ★★

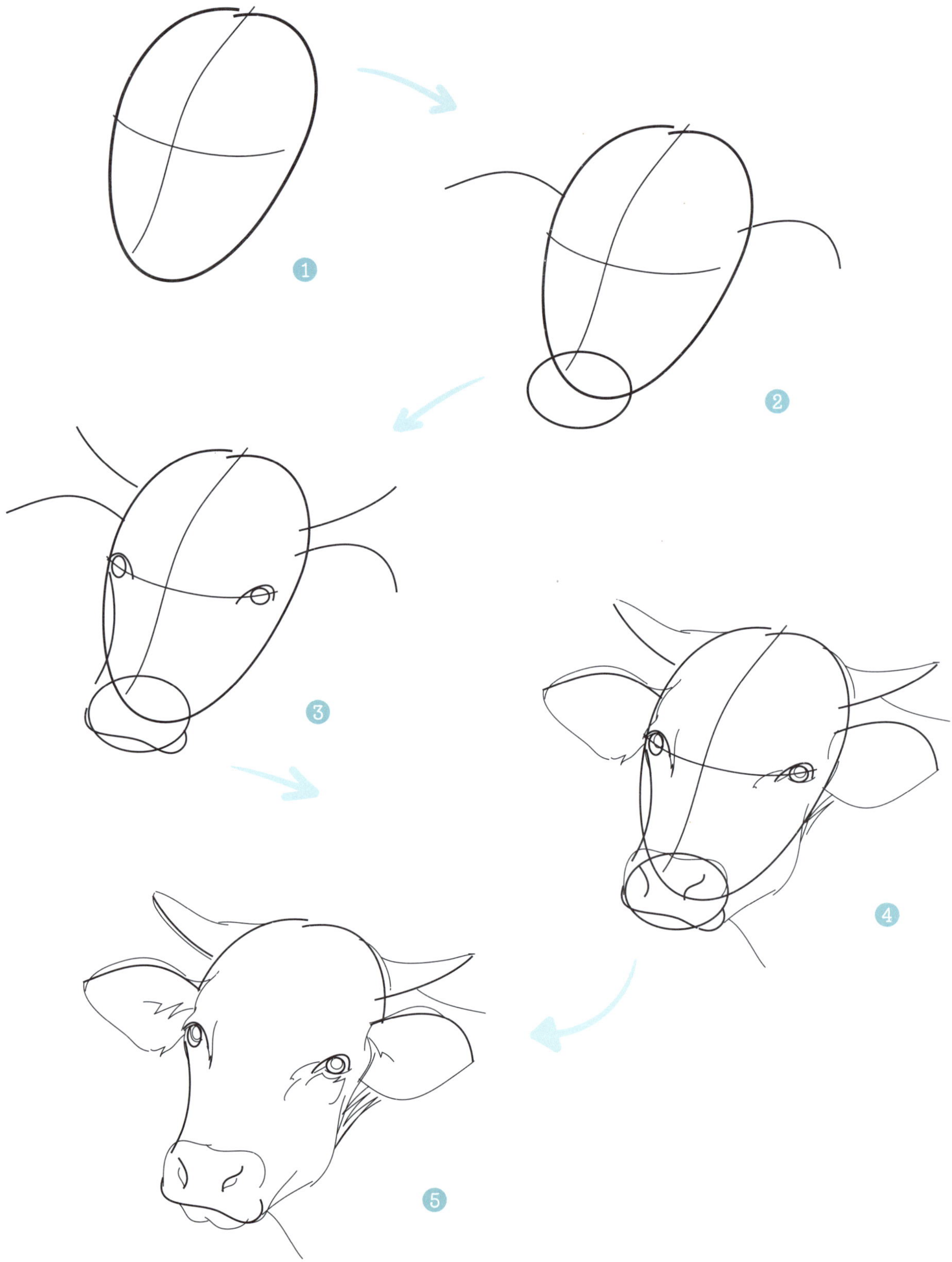

Schmetterling ★★

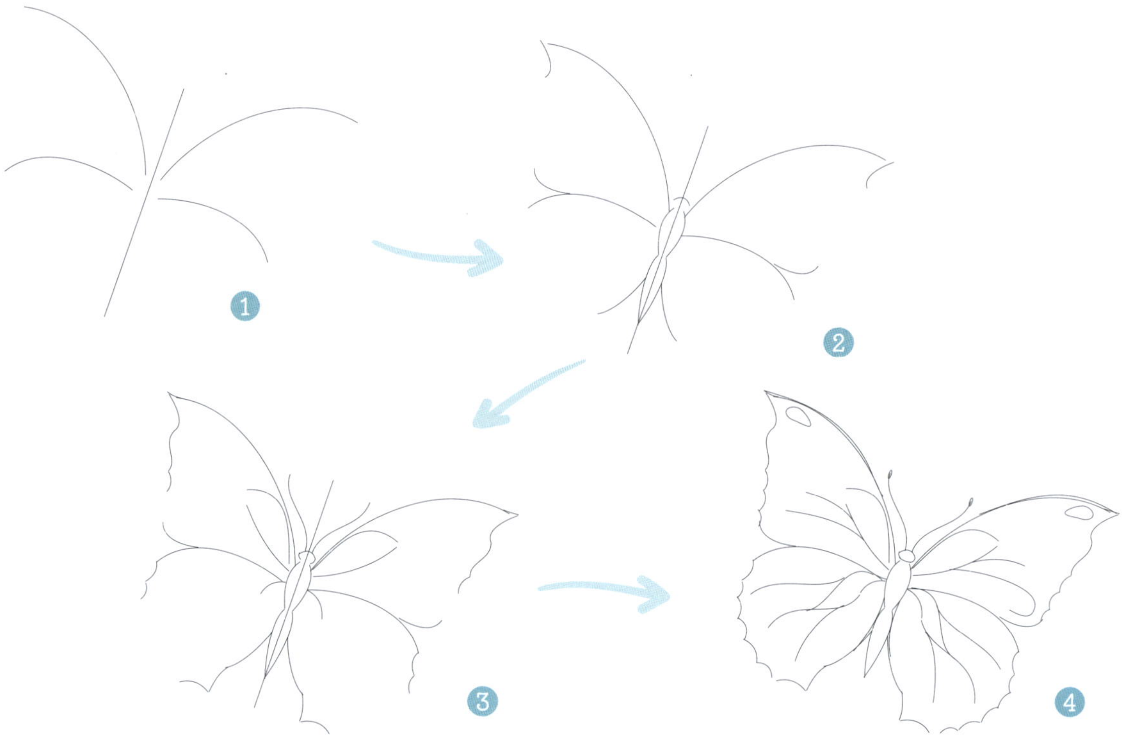

Fliege ★★

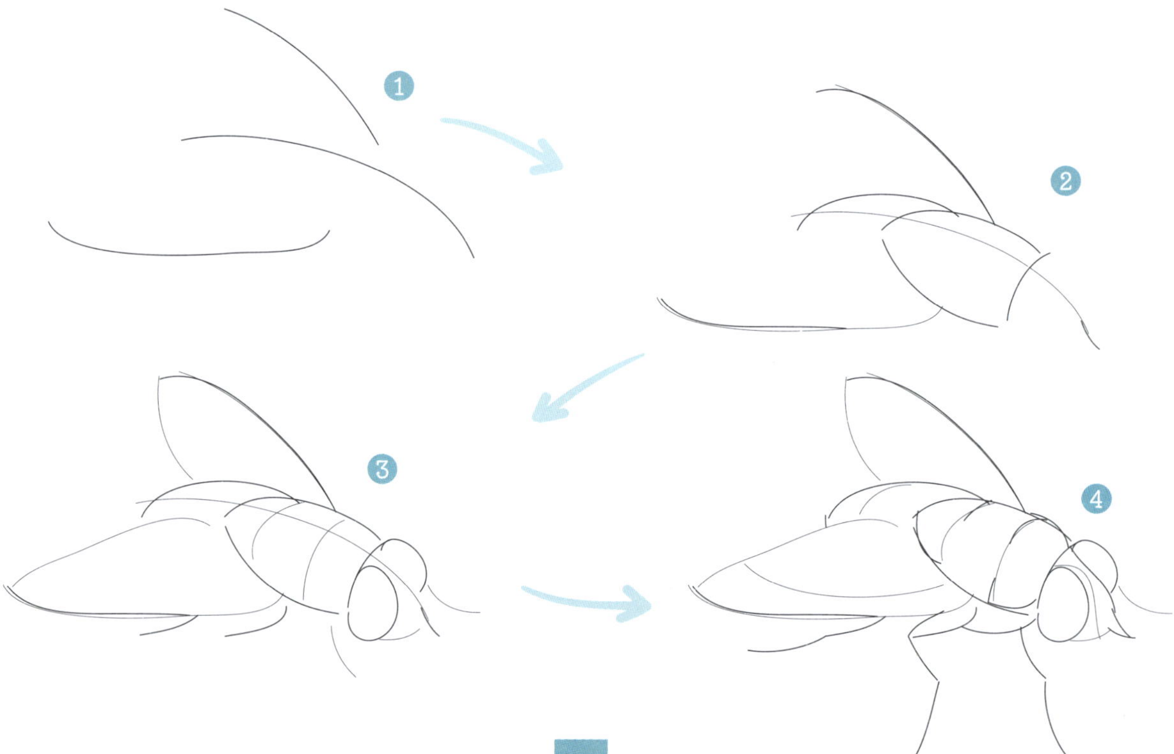

Maus ★★

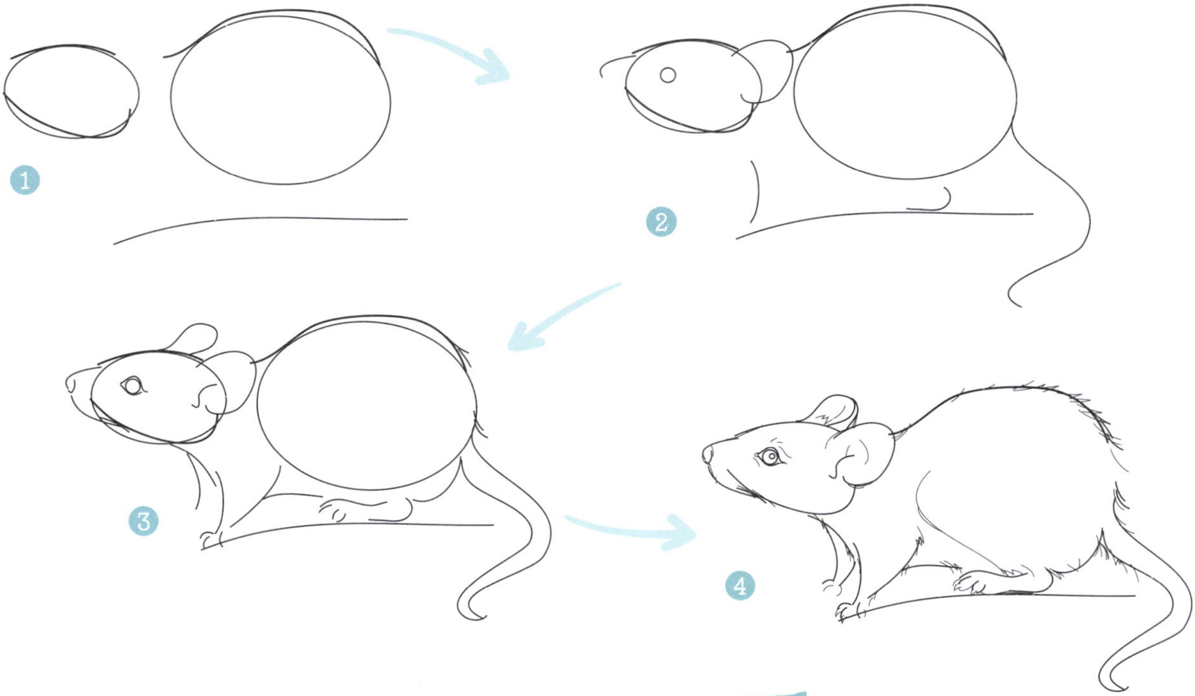

Huhn ★★

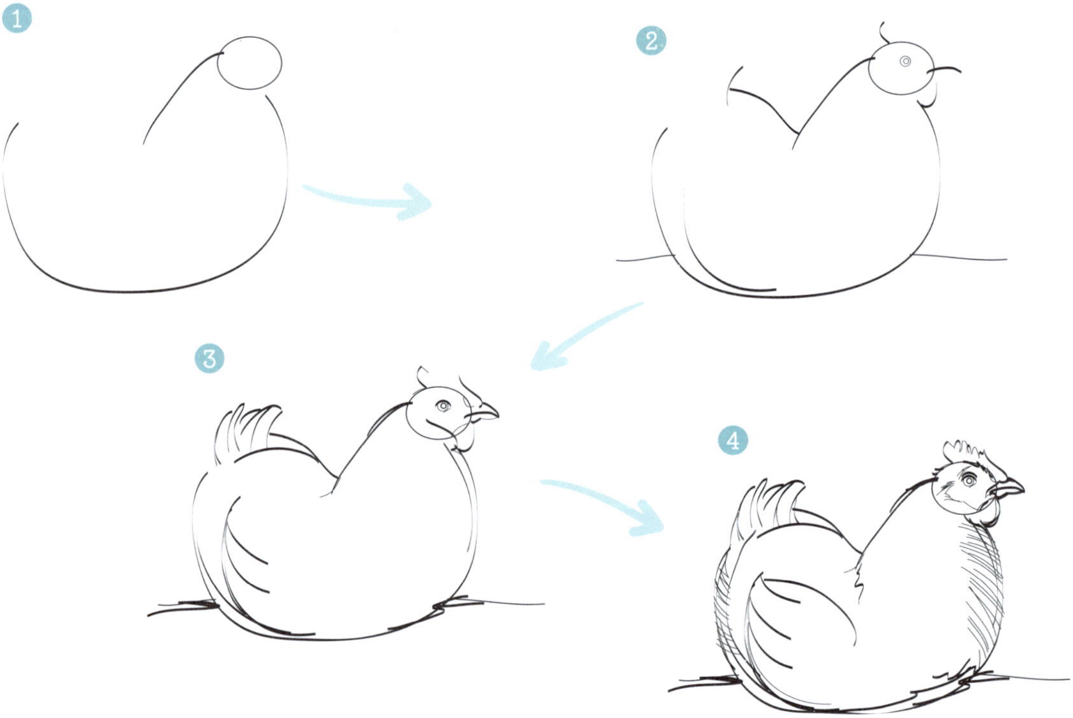

Welpe ★★

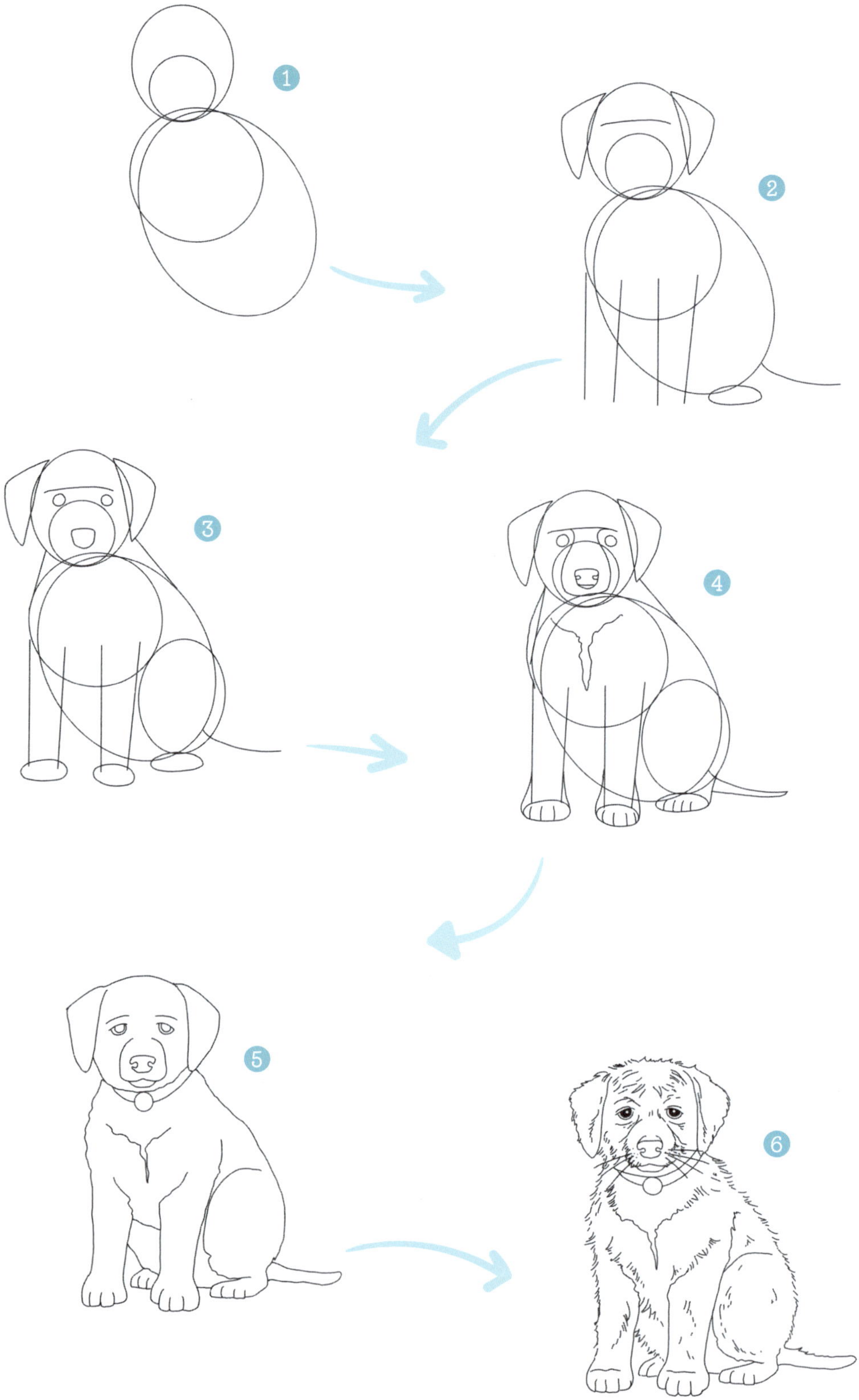

Eule ★★

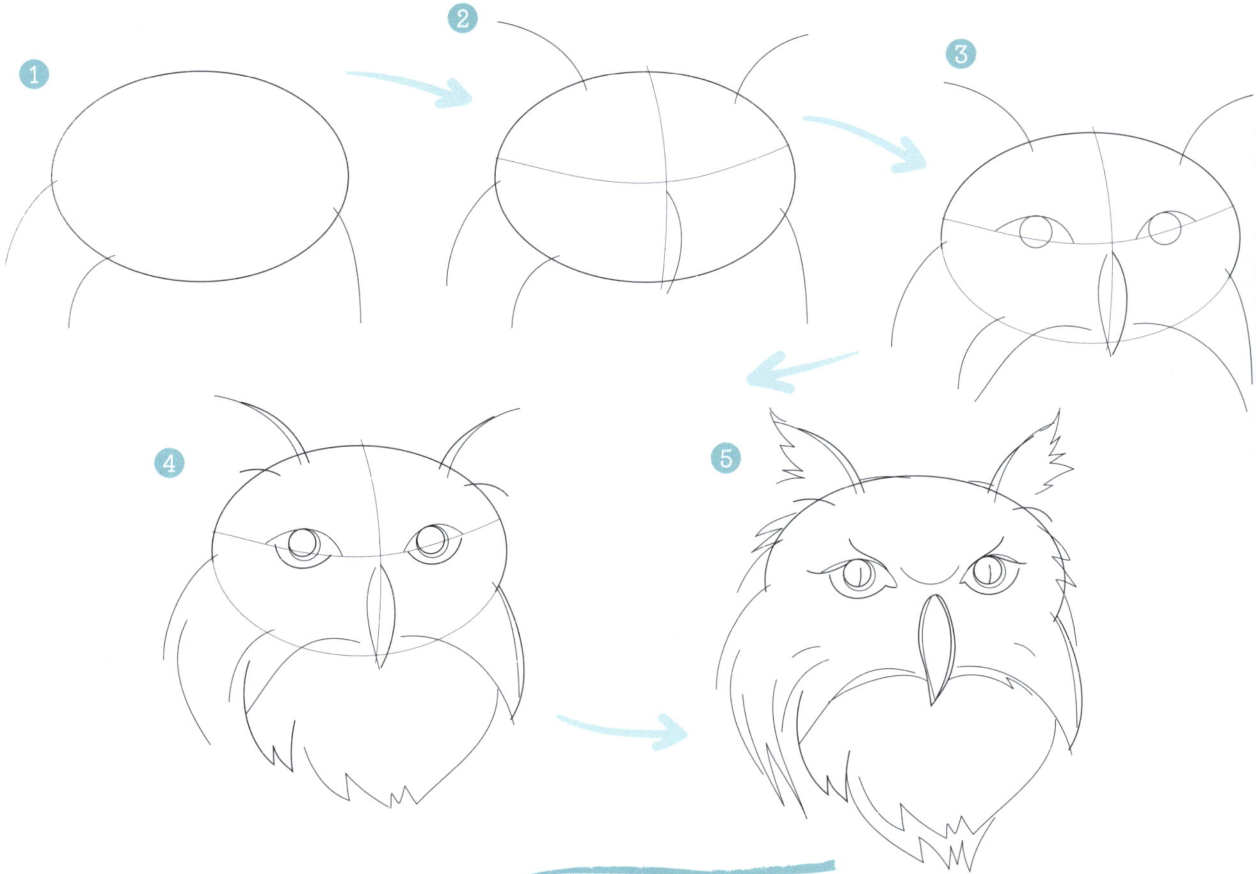

Küken ★★★

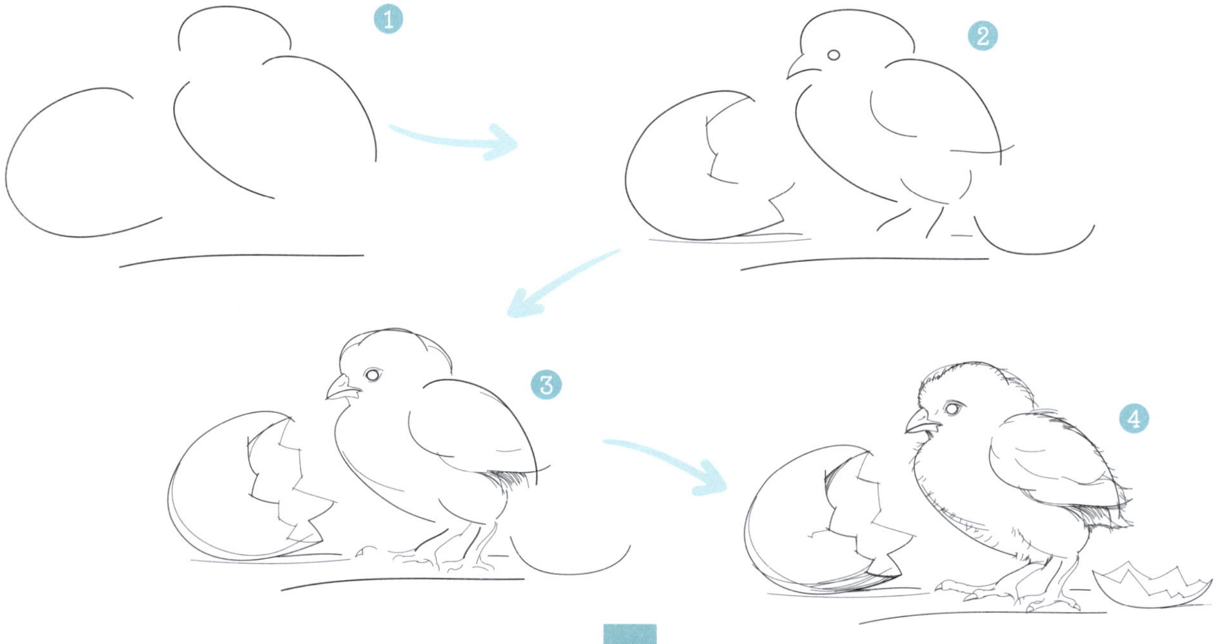

Katzenkopf ★★

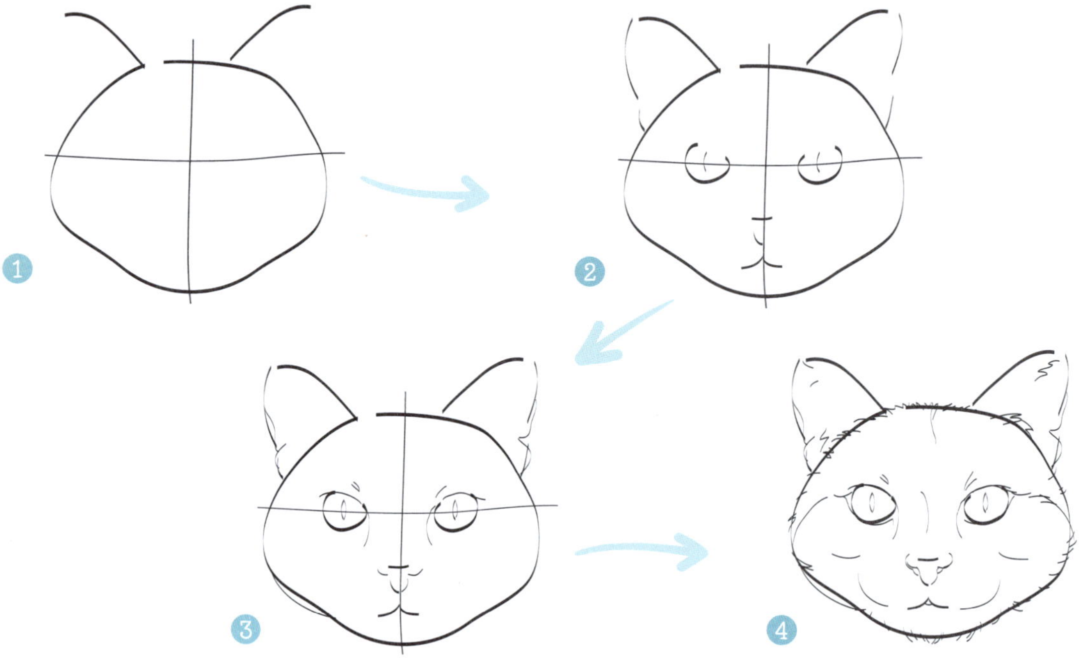

Katze ★★

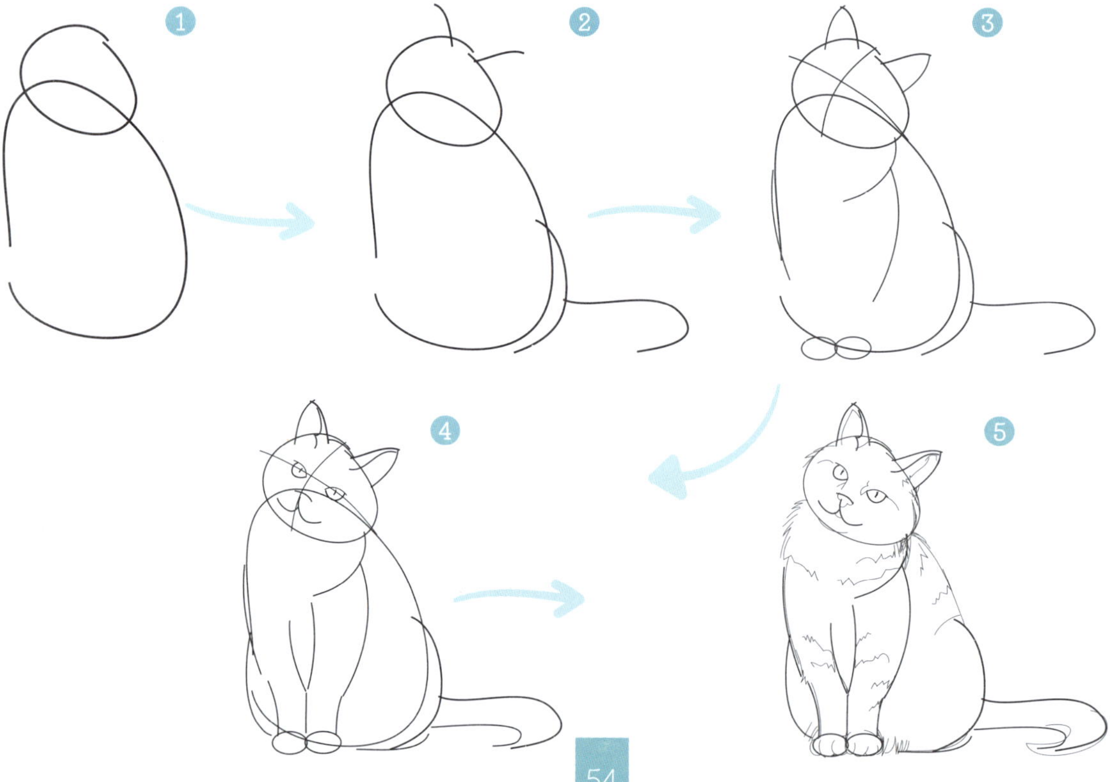

Schnecke ★

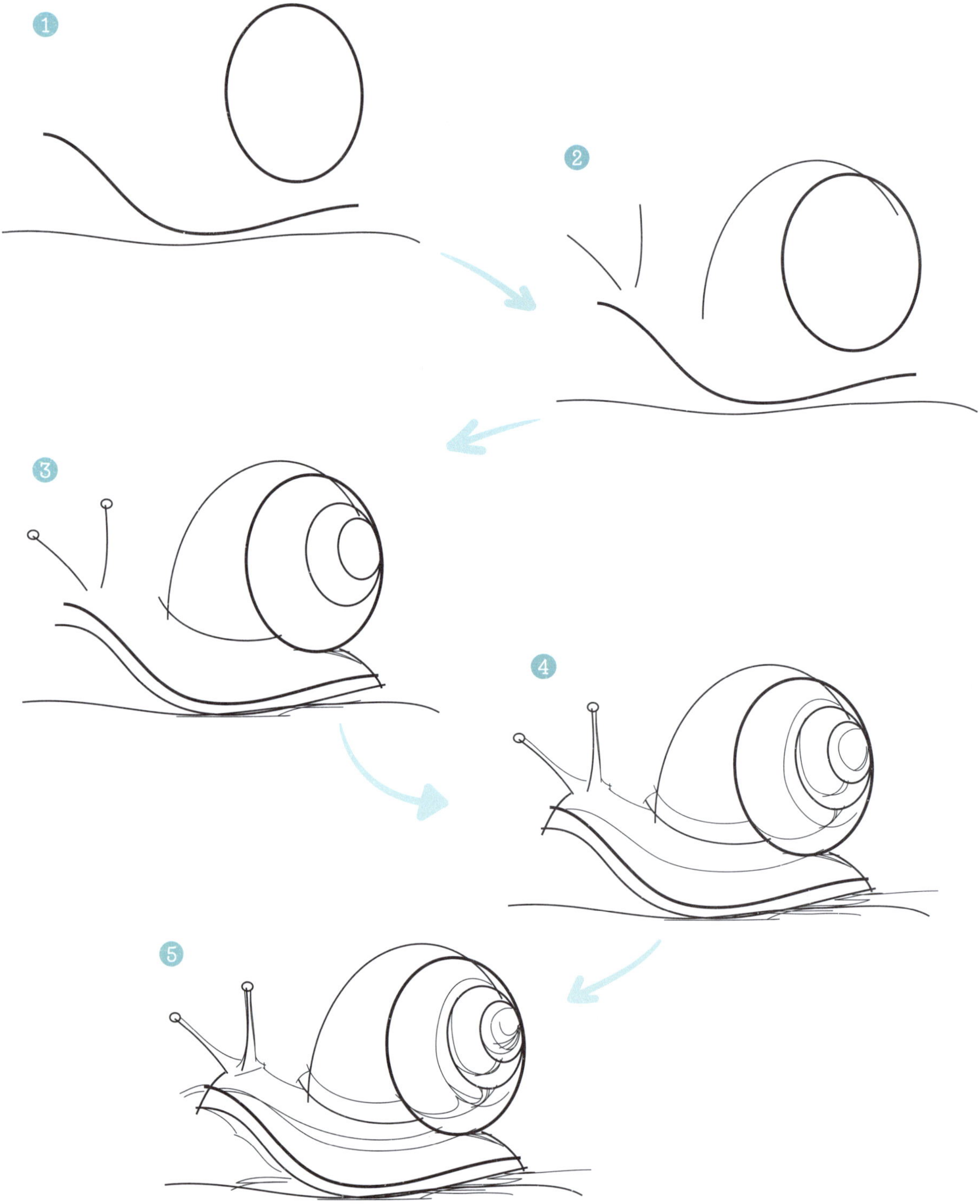

1

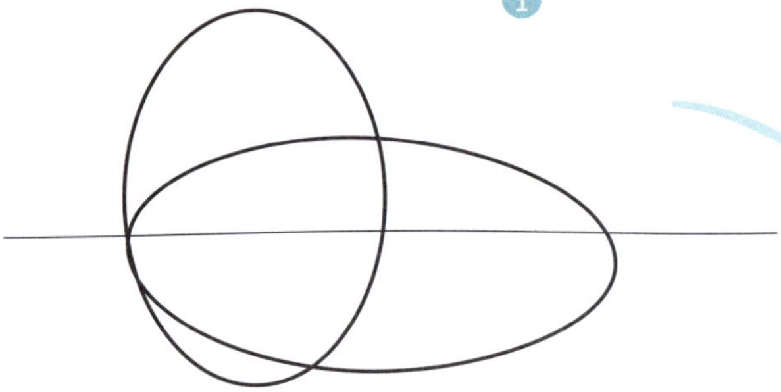

2

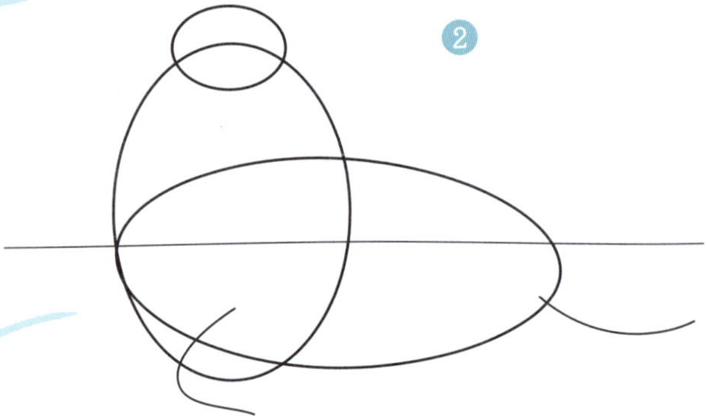

3

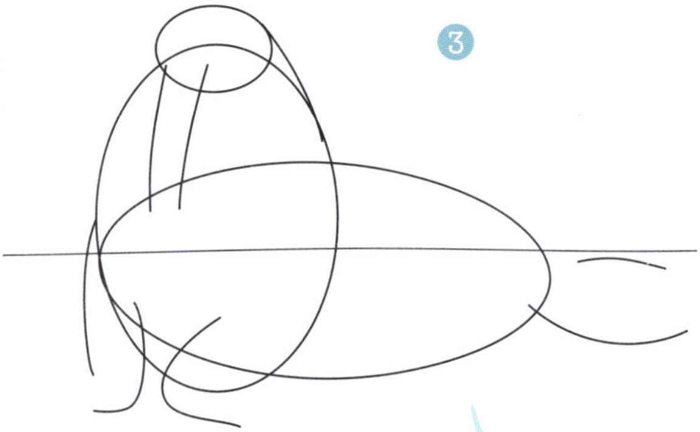

4

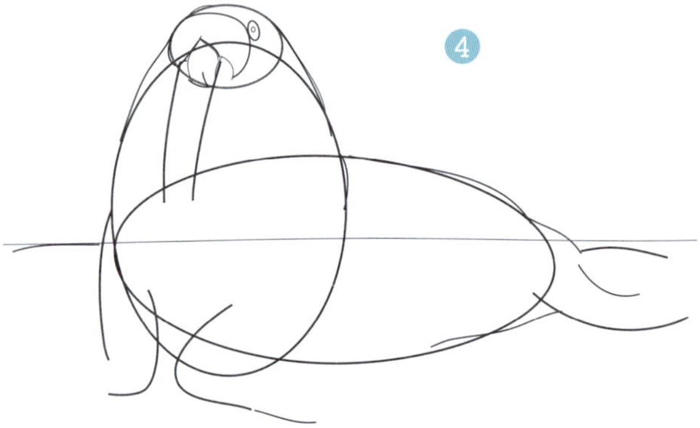

5

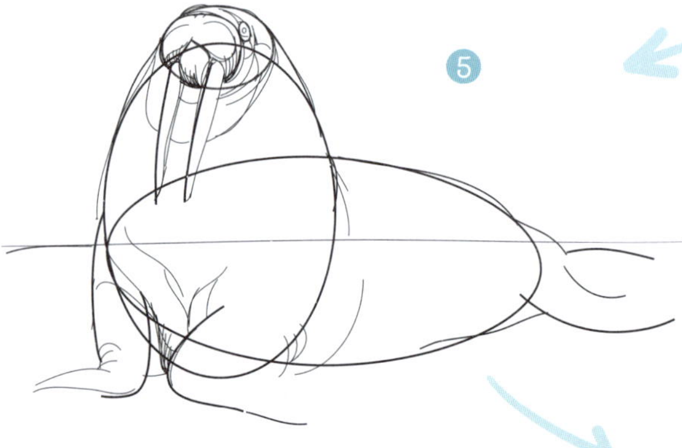

6

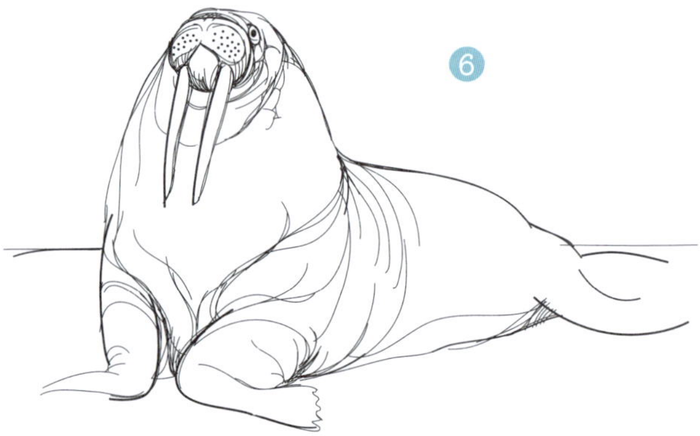

Bär ★★

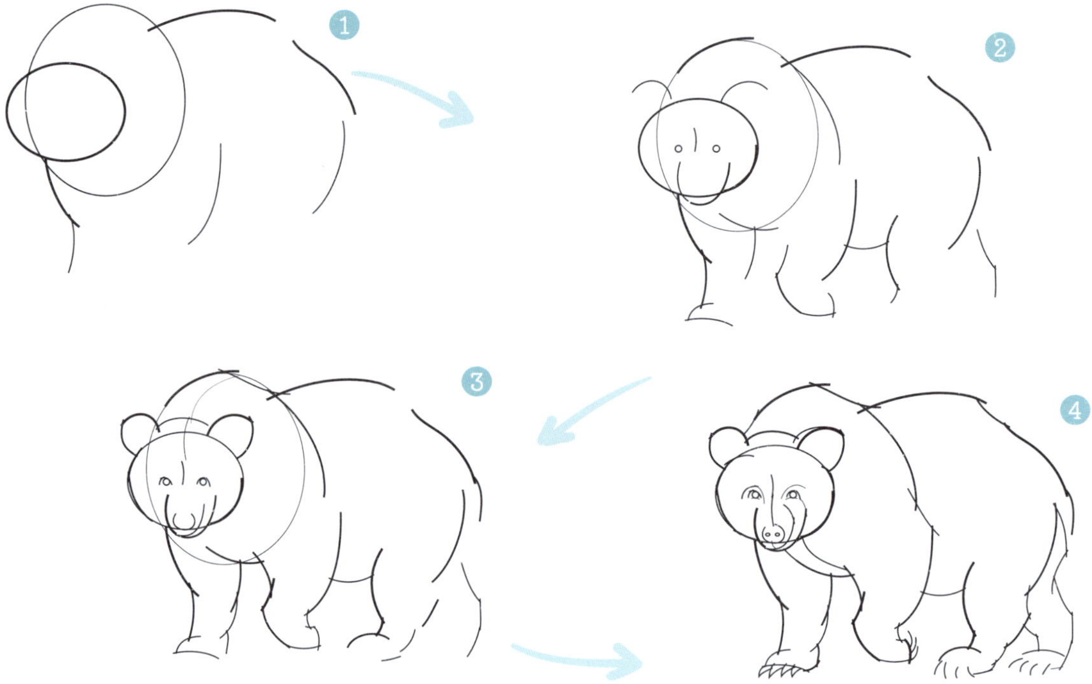

Fisch ★

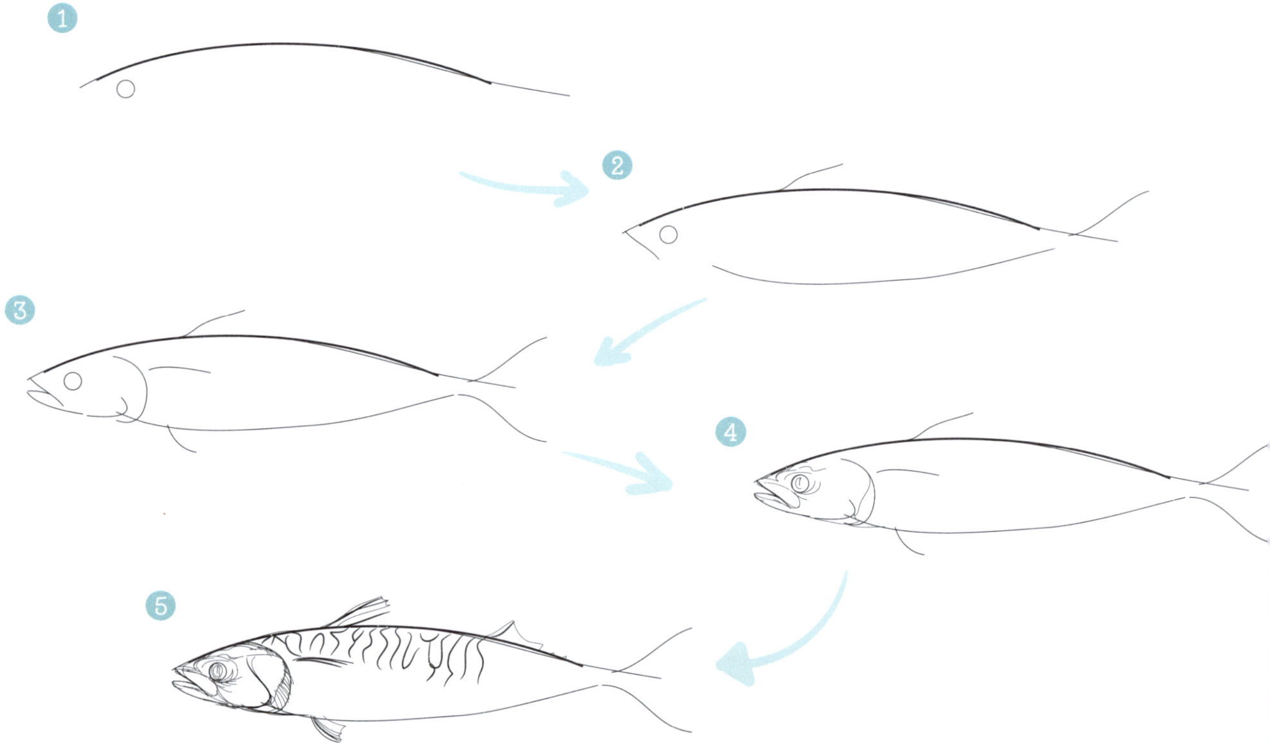

Krokodil ★★

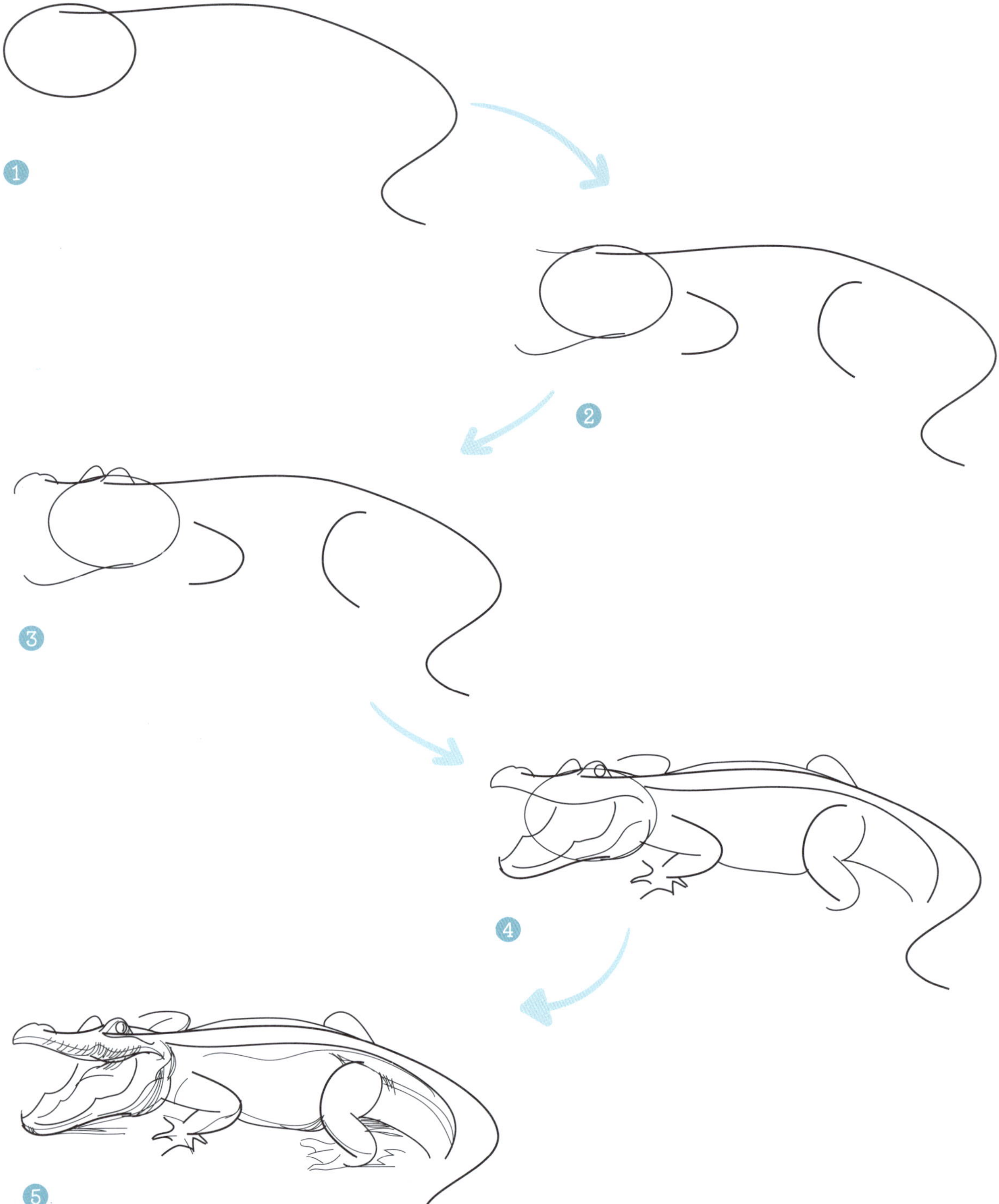

Schildkröte ★★

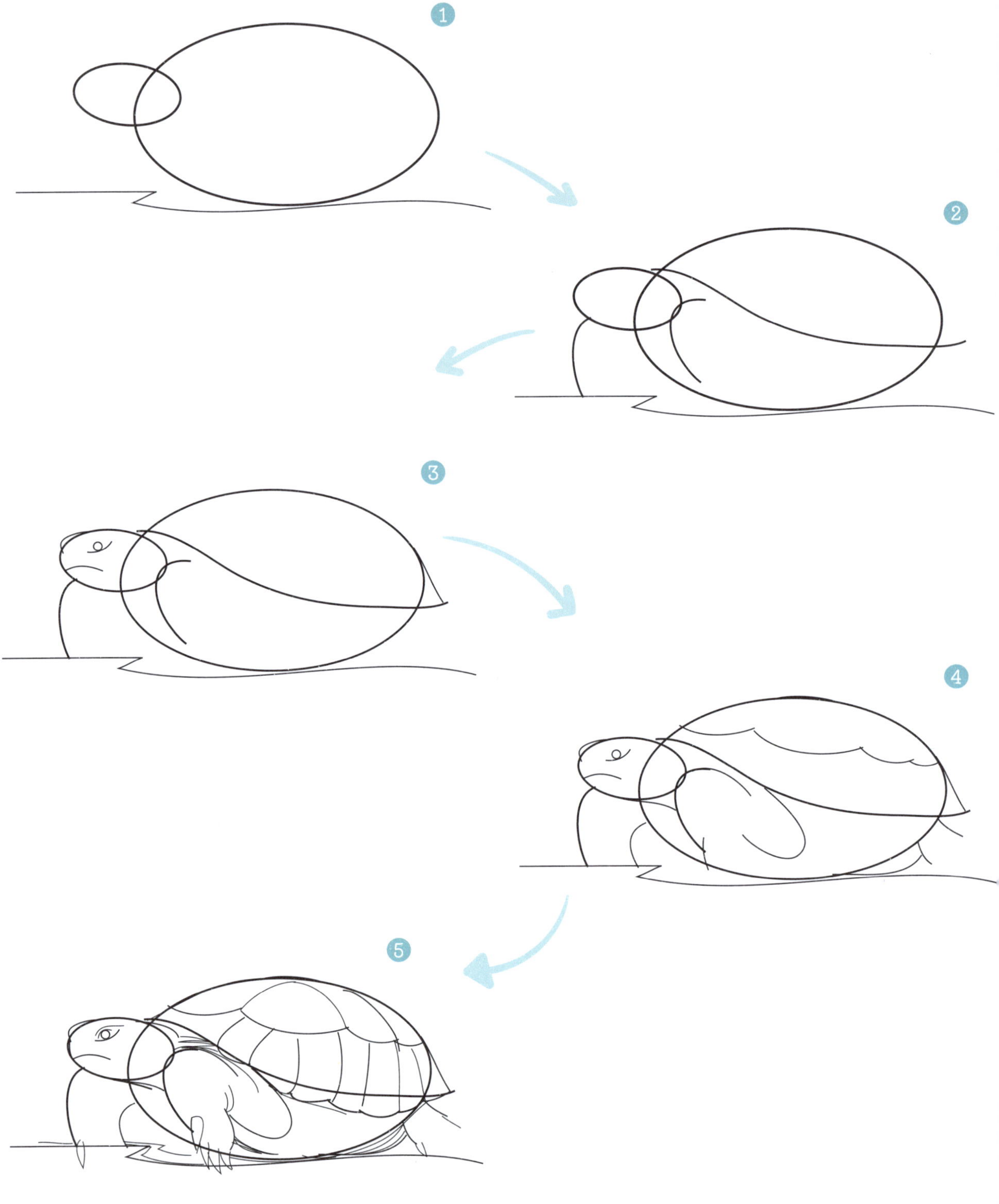

Frosch ★★

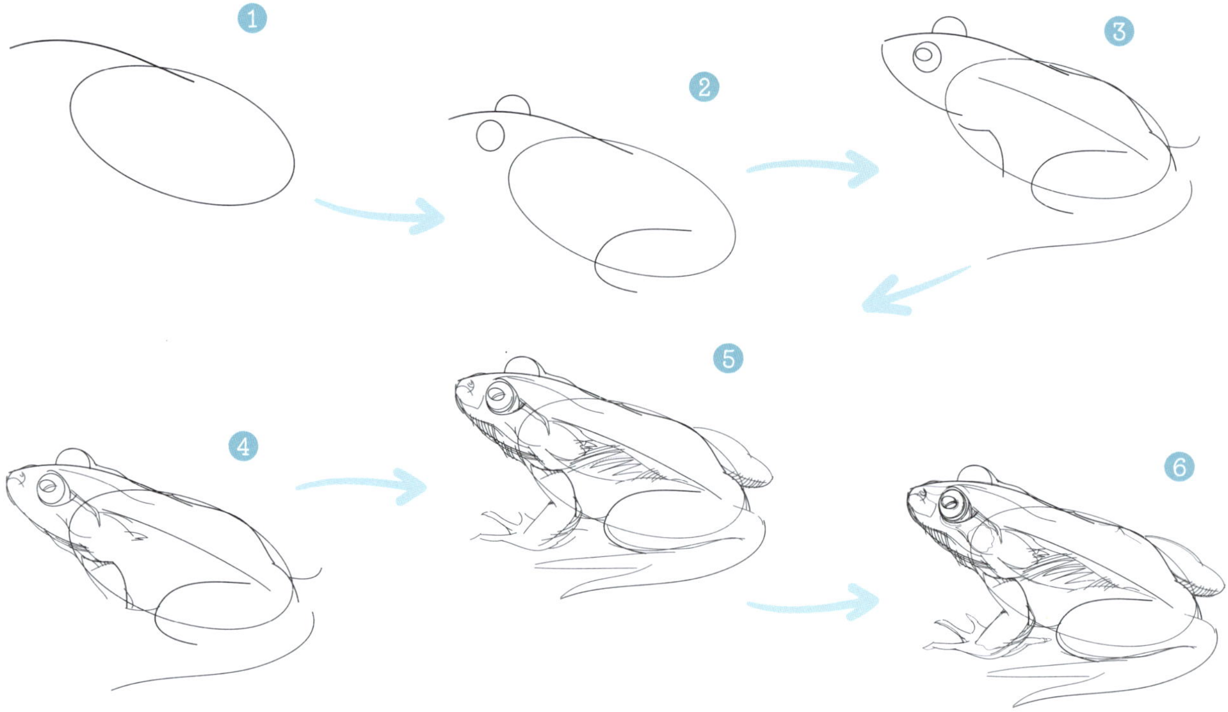

Nashorn ★★

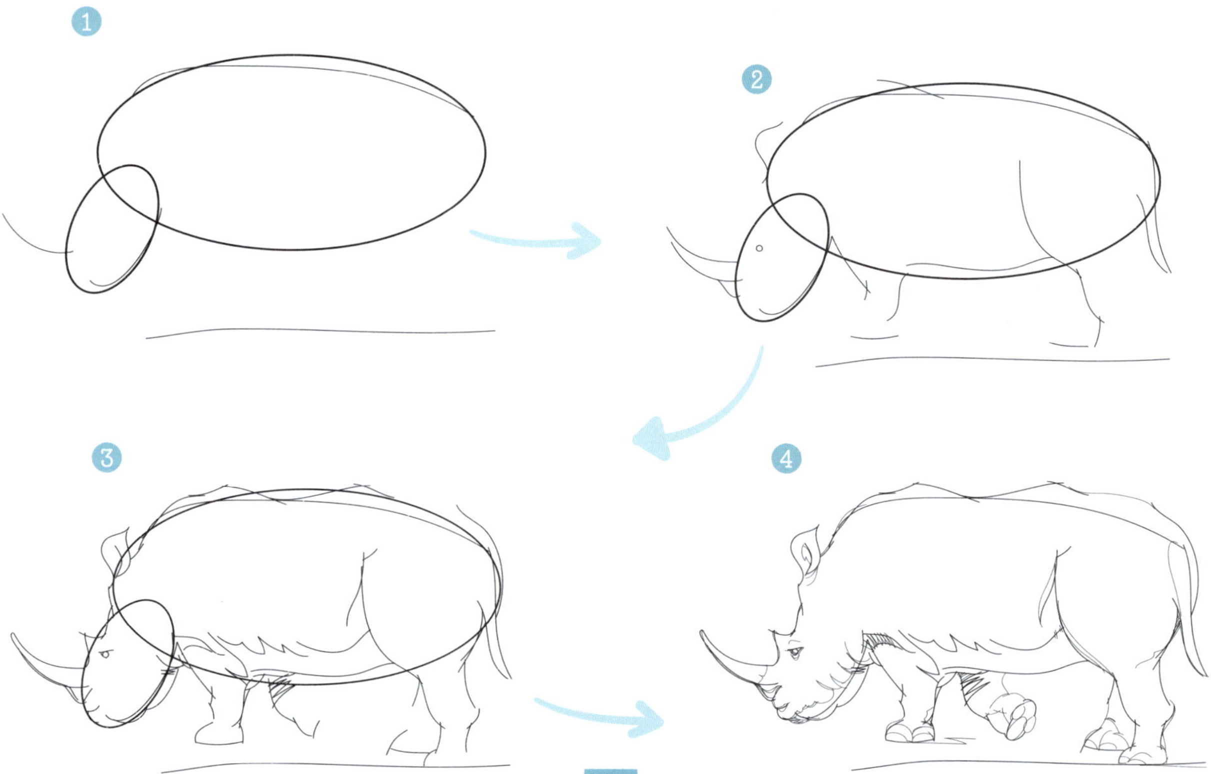

Muschel ★

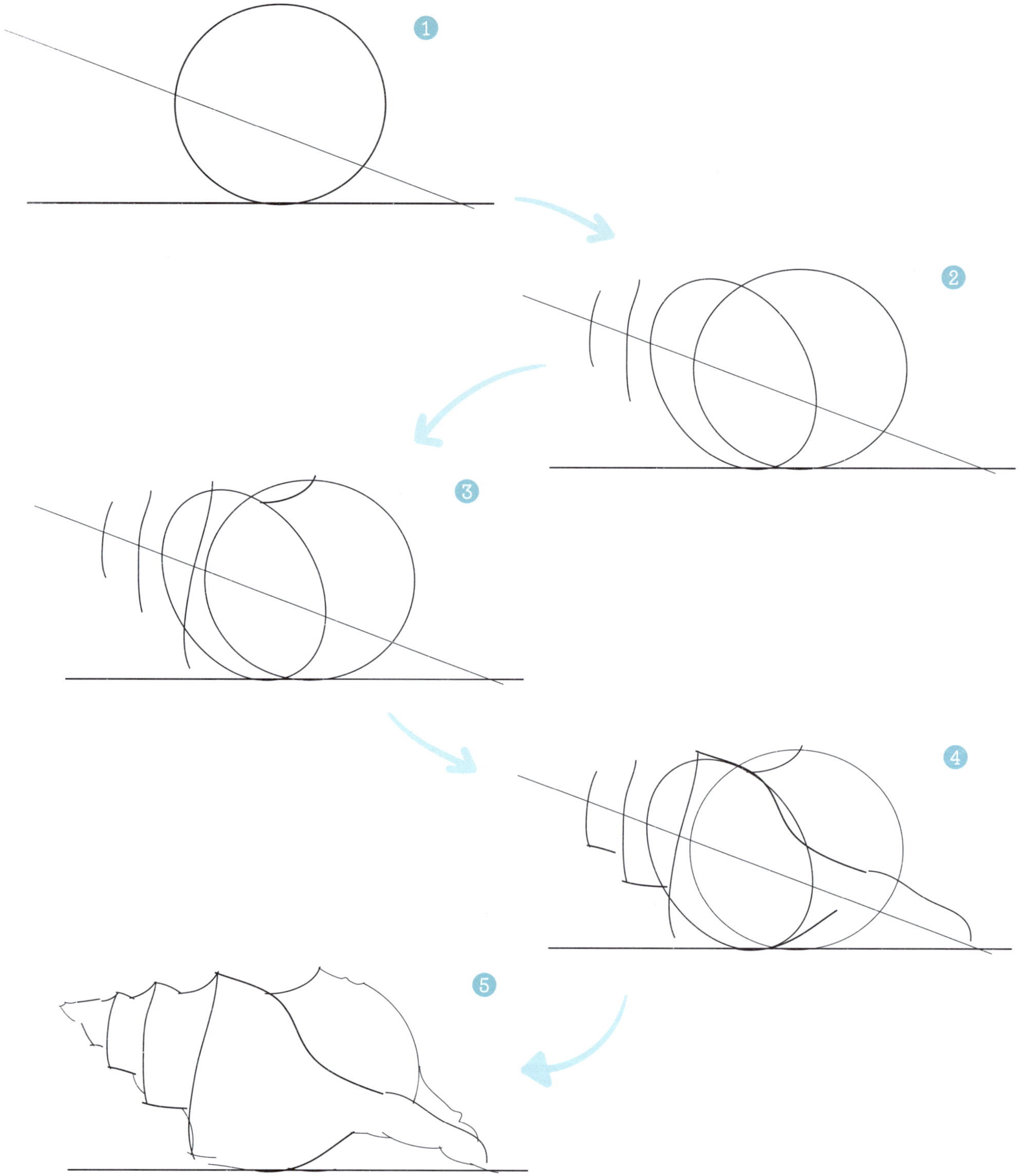

Krebs ★★

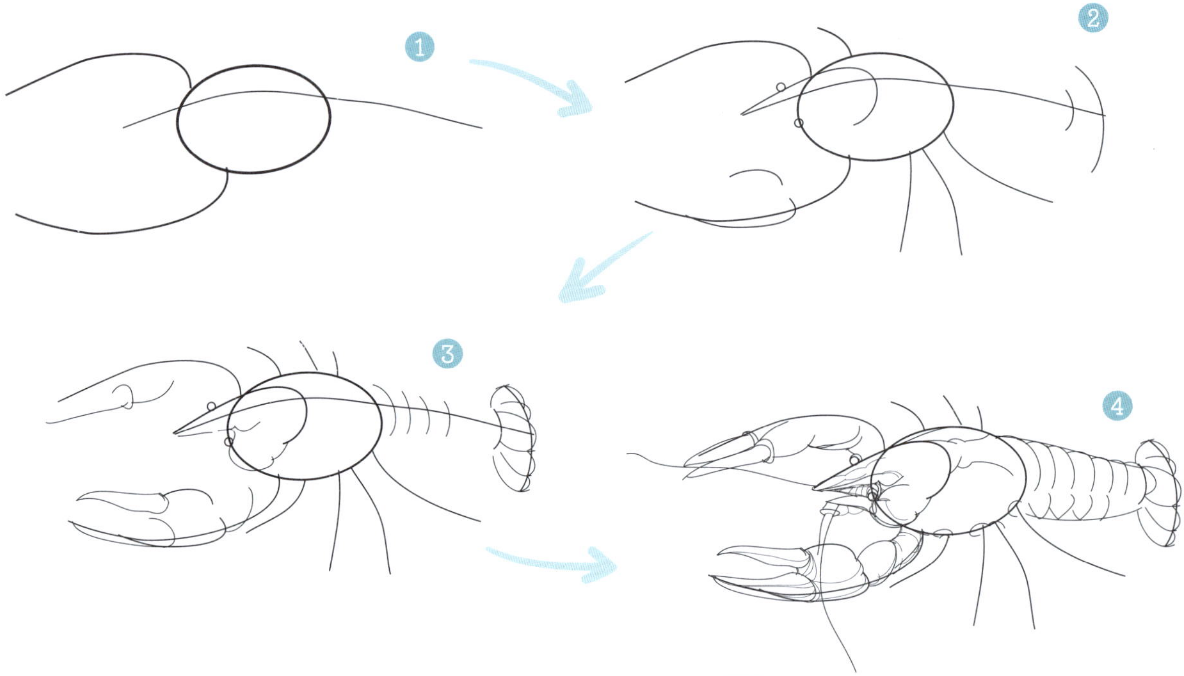

Chamäleon ★★★

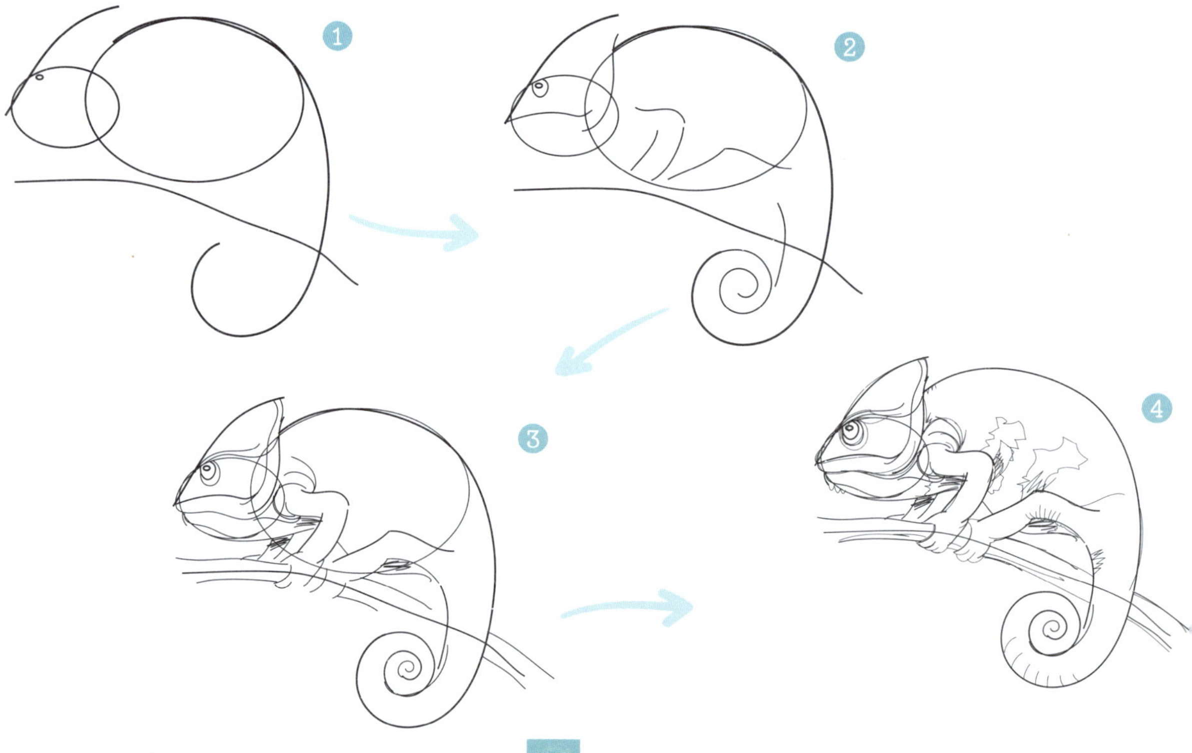

Schlange ★★

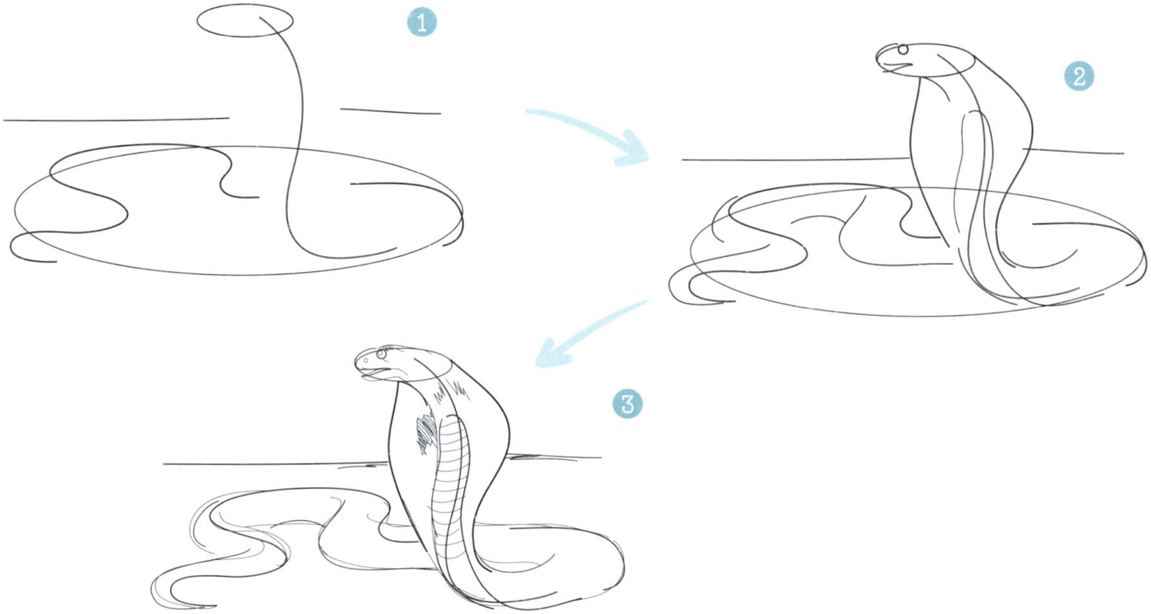

Biene ★★★

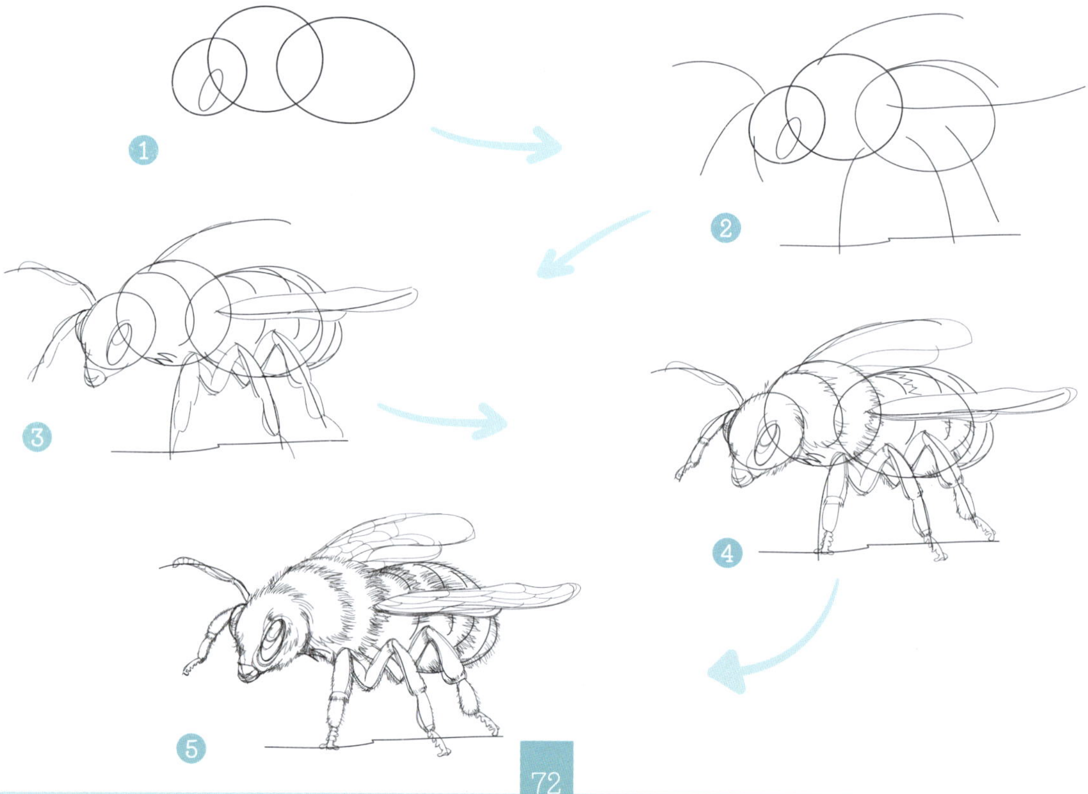

Adlerkopf ★★

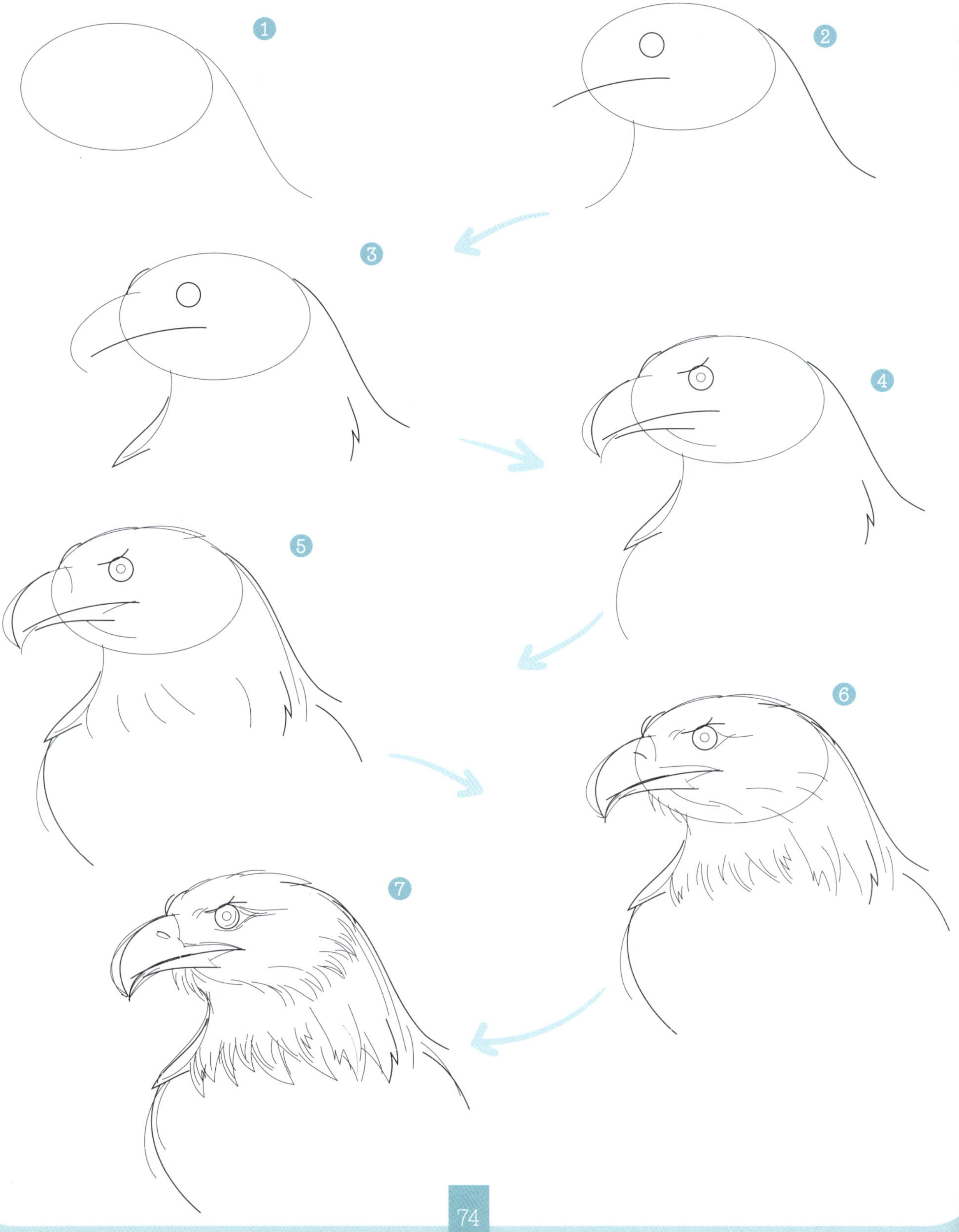

Pferdekopf ★★★

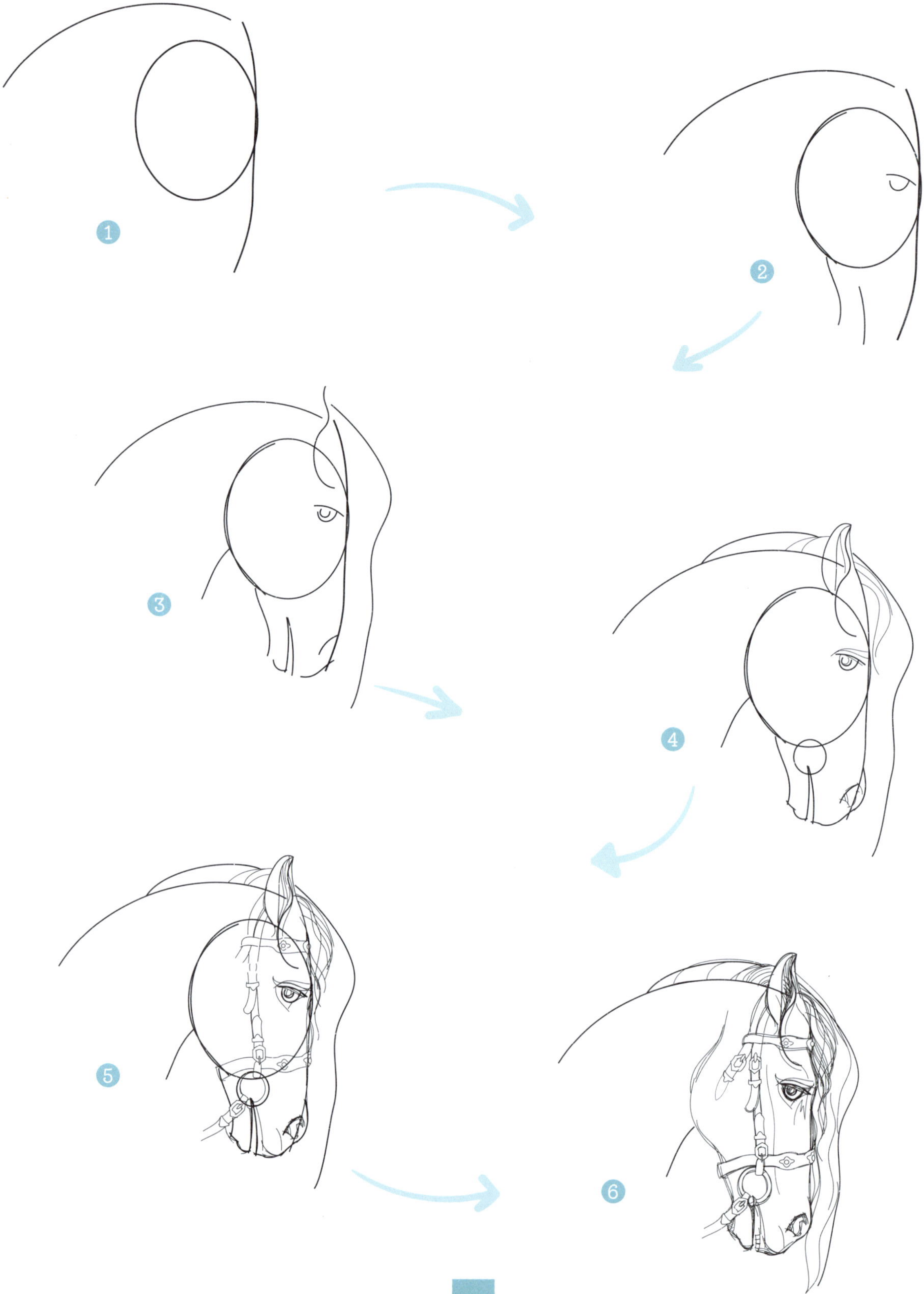

Schaf ★★

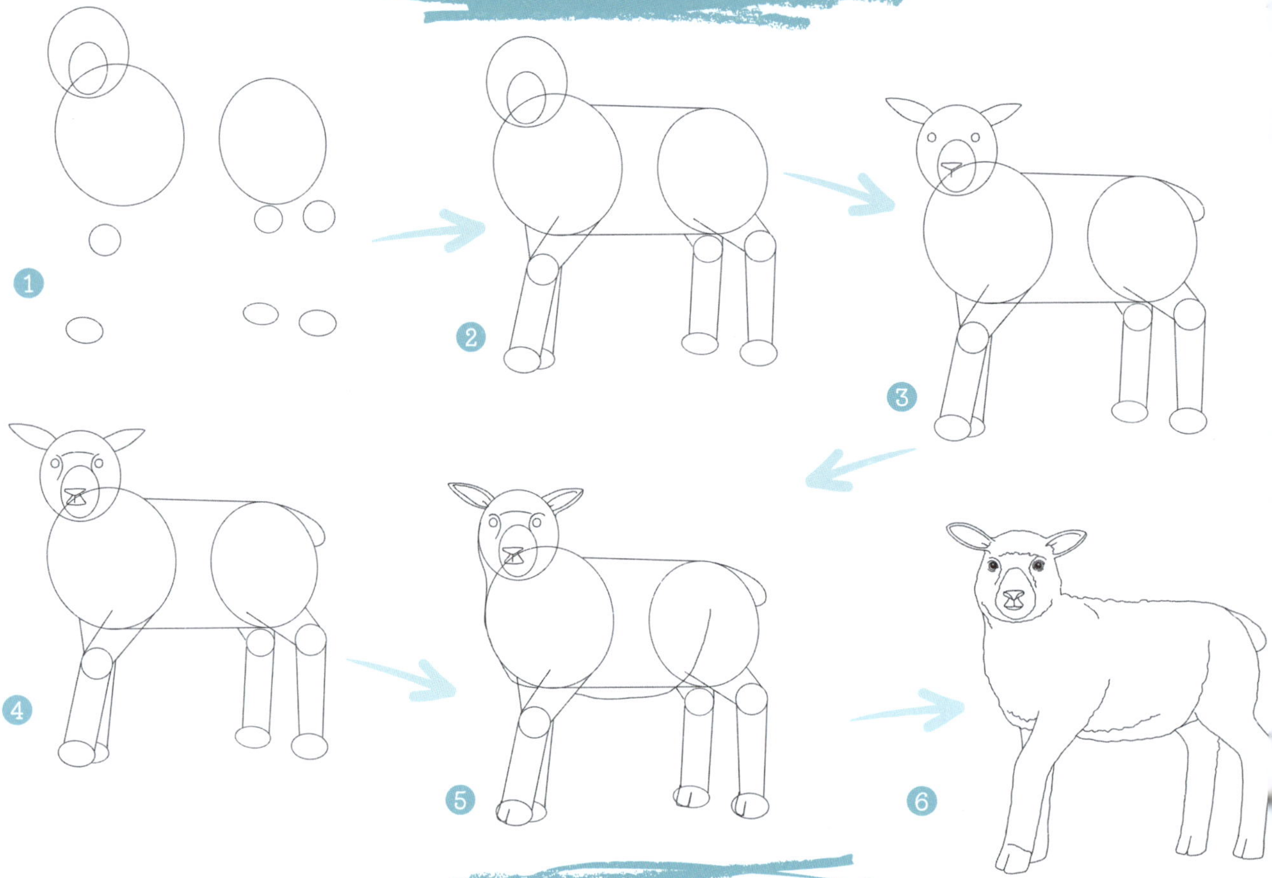

Fuchs ★★★

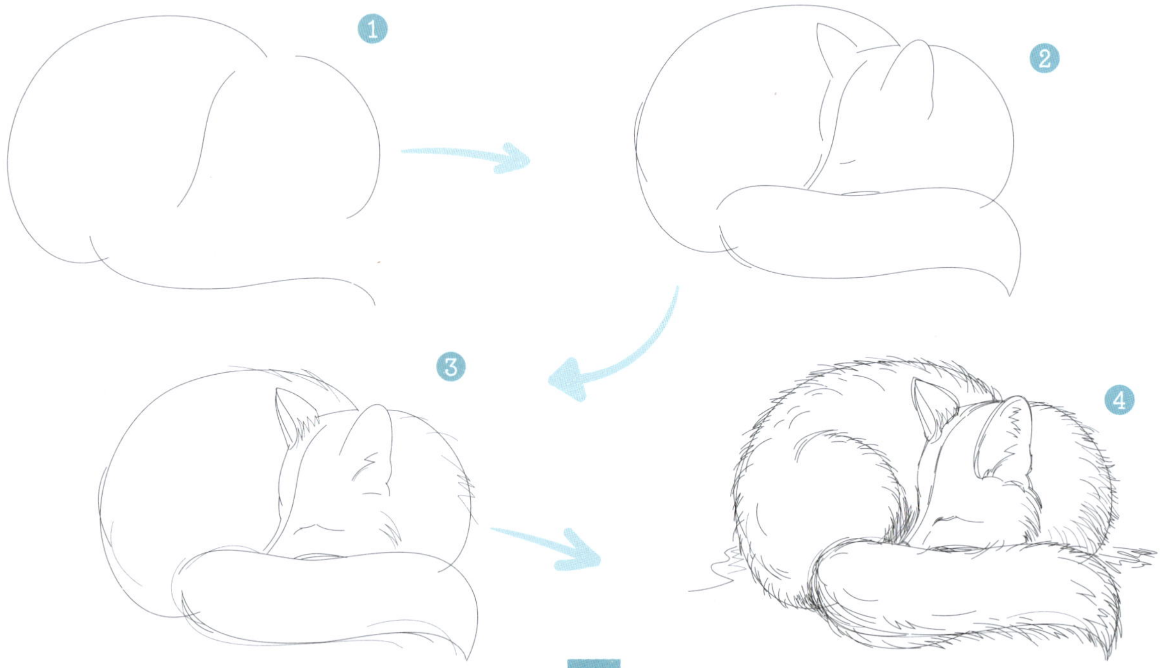

Hase ★★

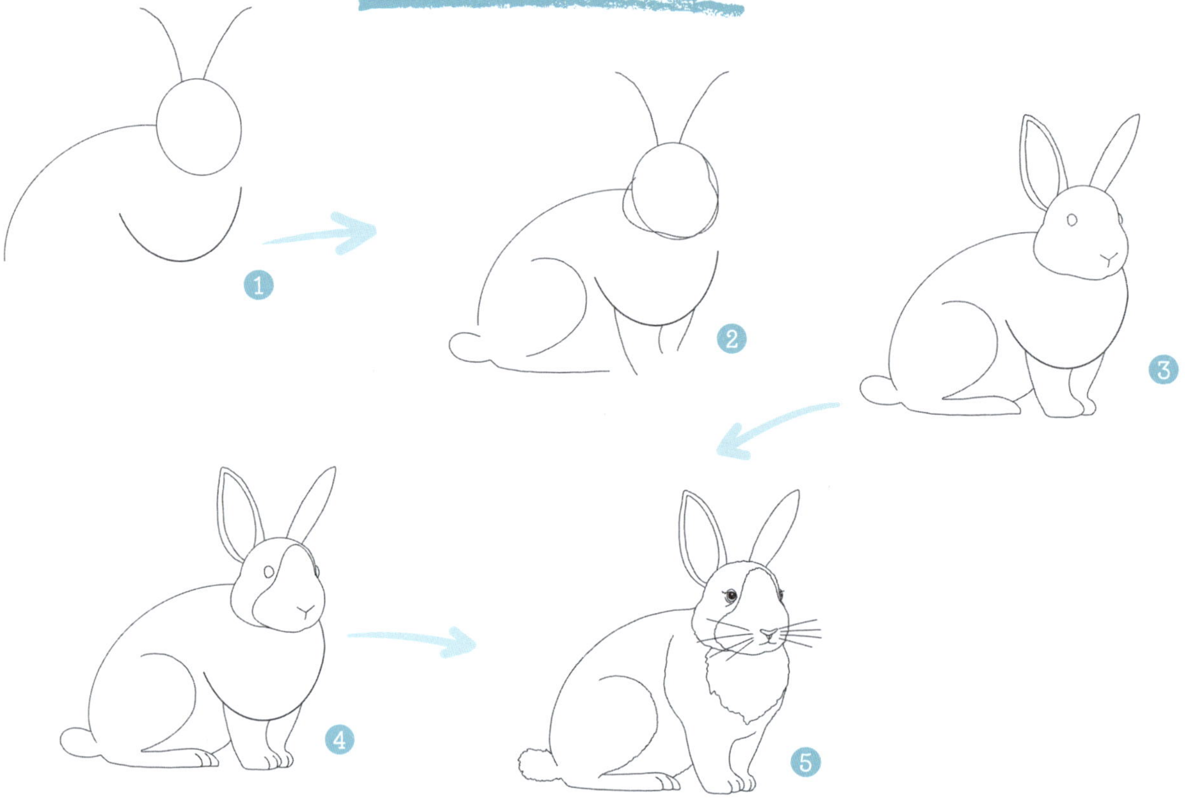

Schwan ★★

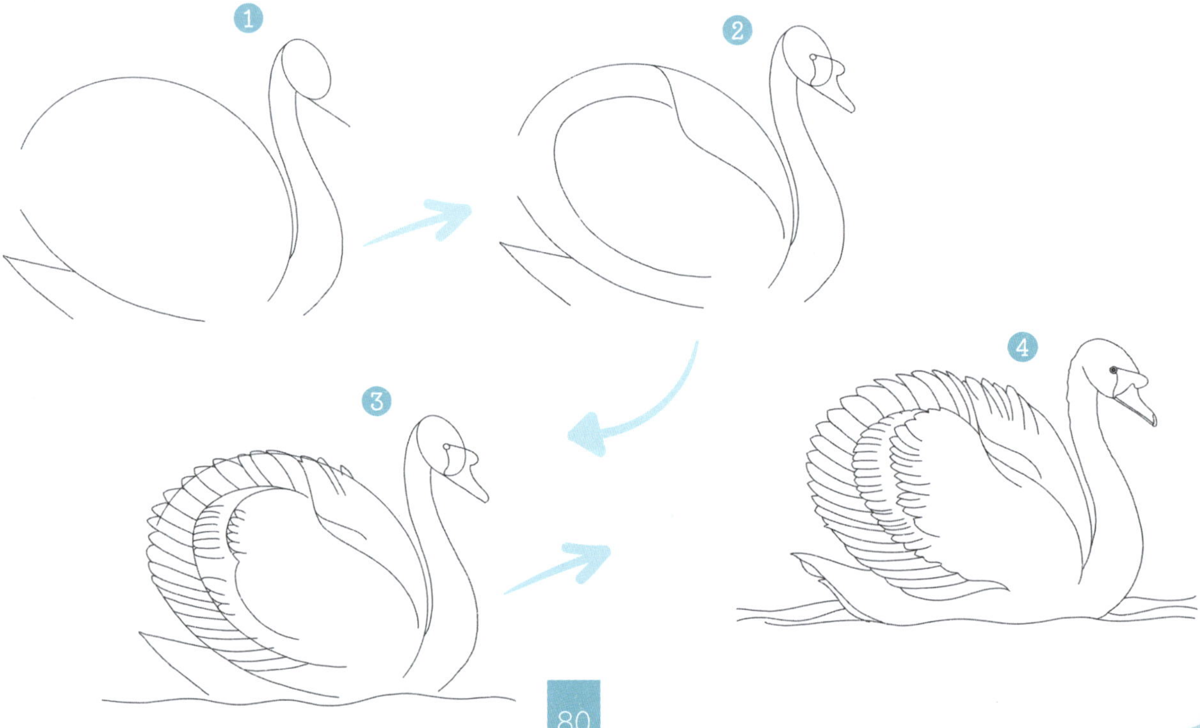

Papagei ★★

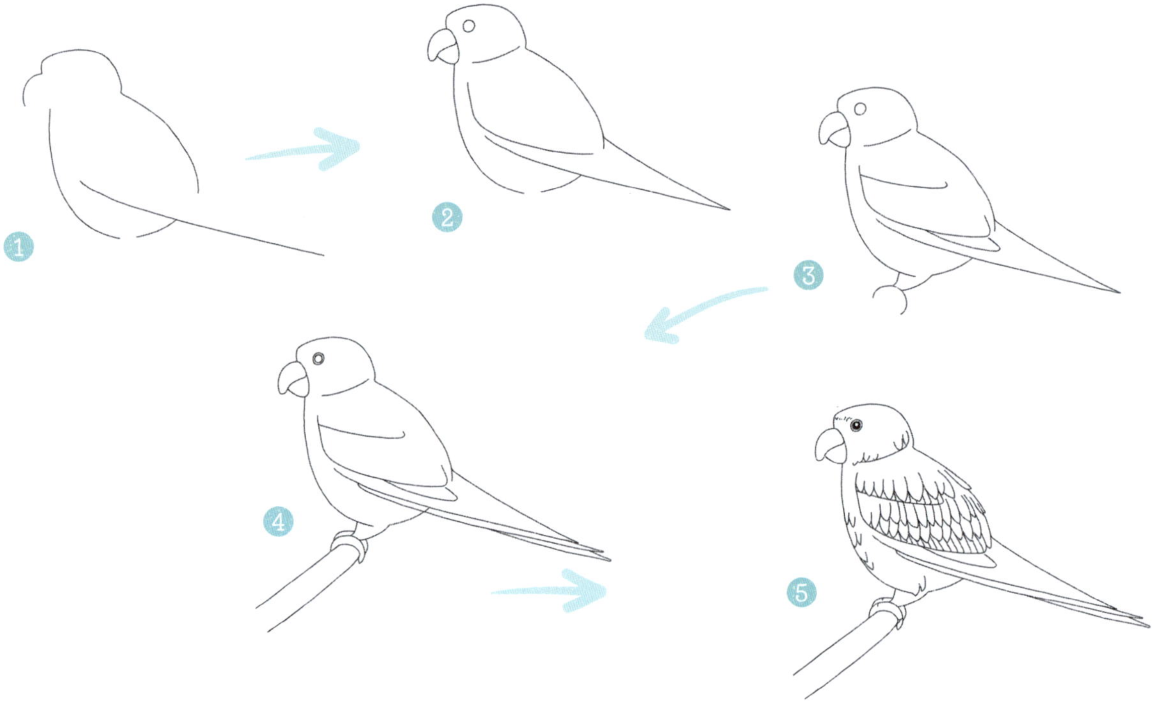

Delfin ★

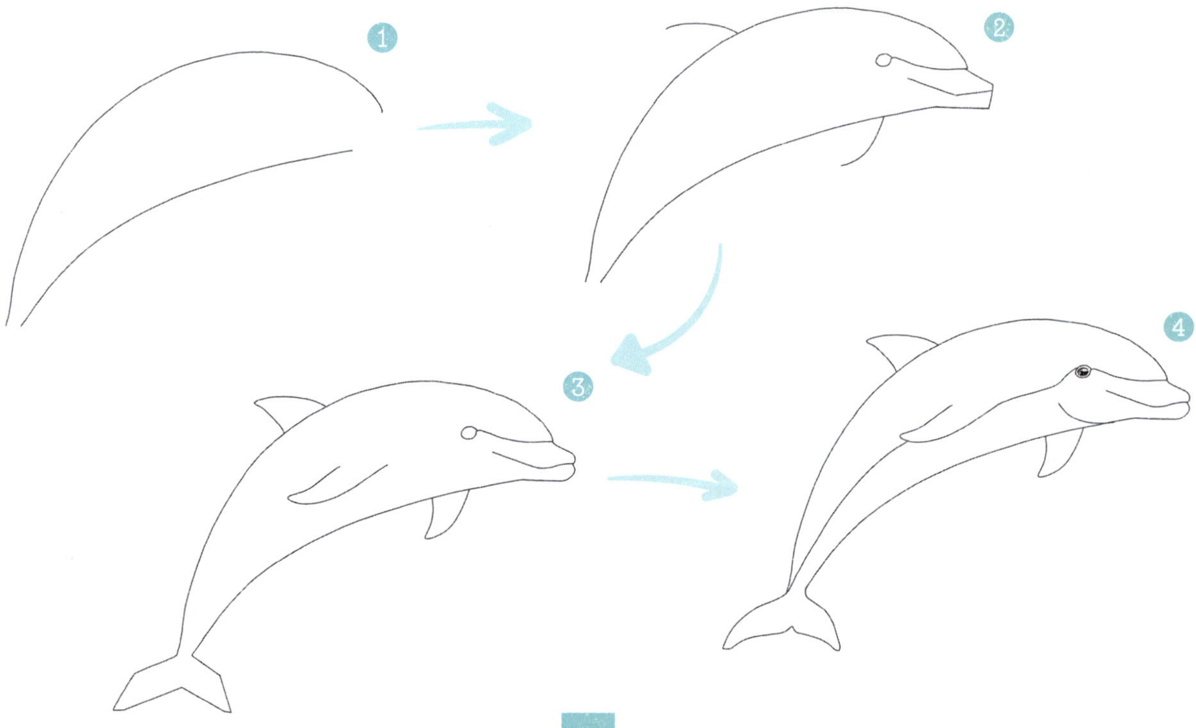

Igel ★

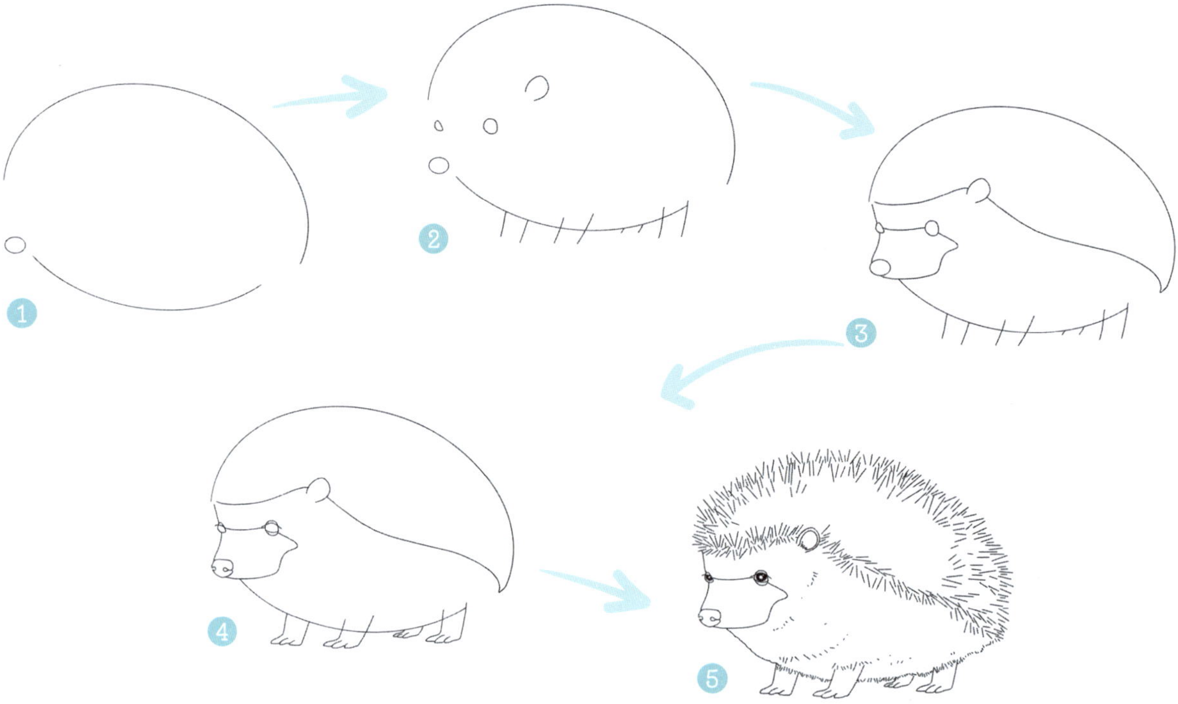

Meerschweinchen ★

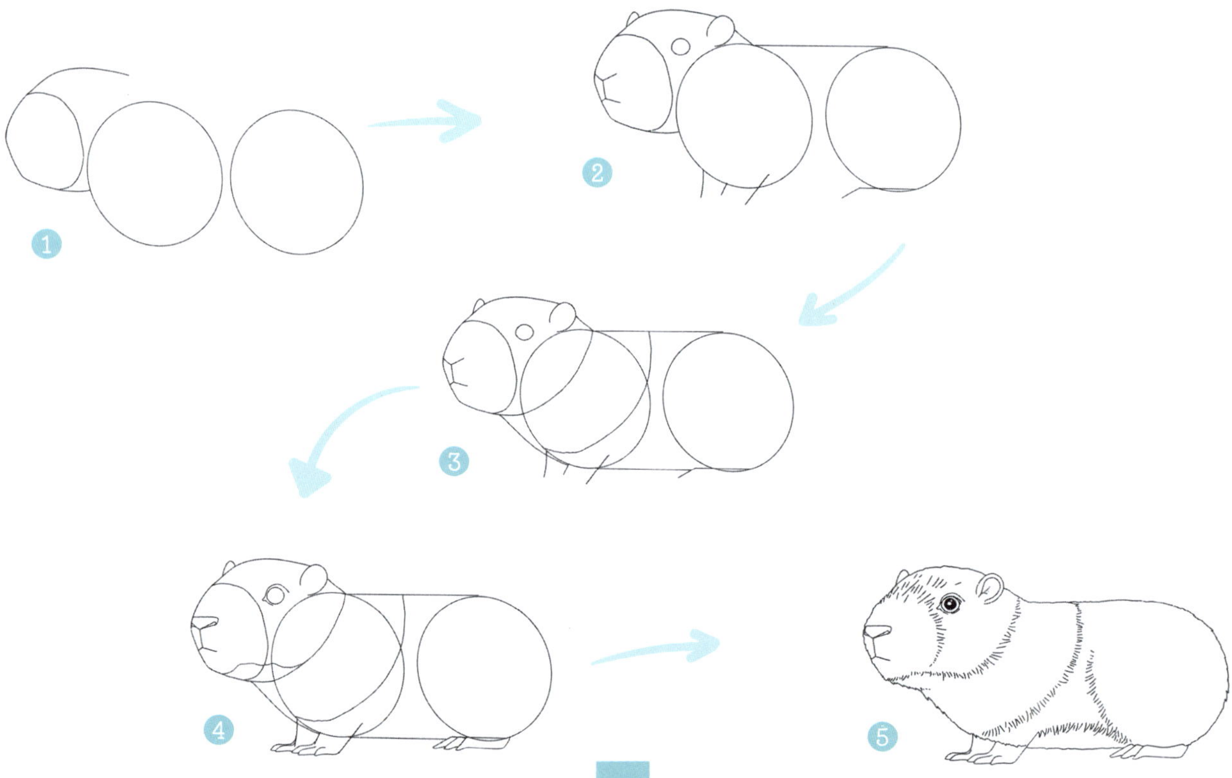

Pinguin ★★

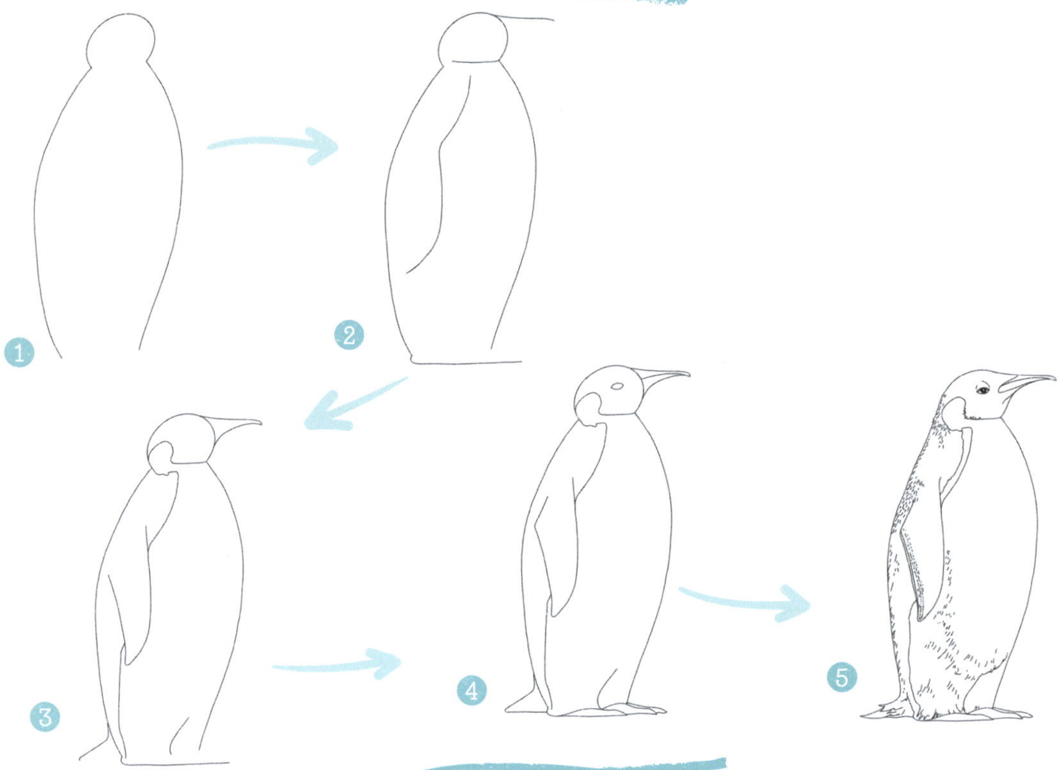

Erdmännchen ★★

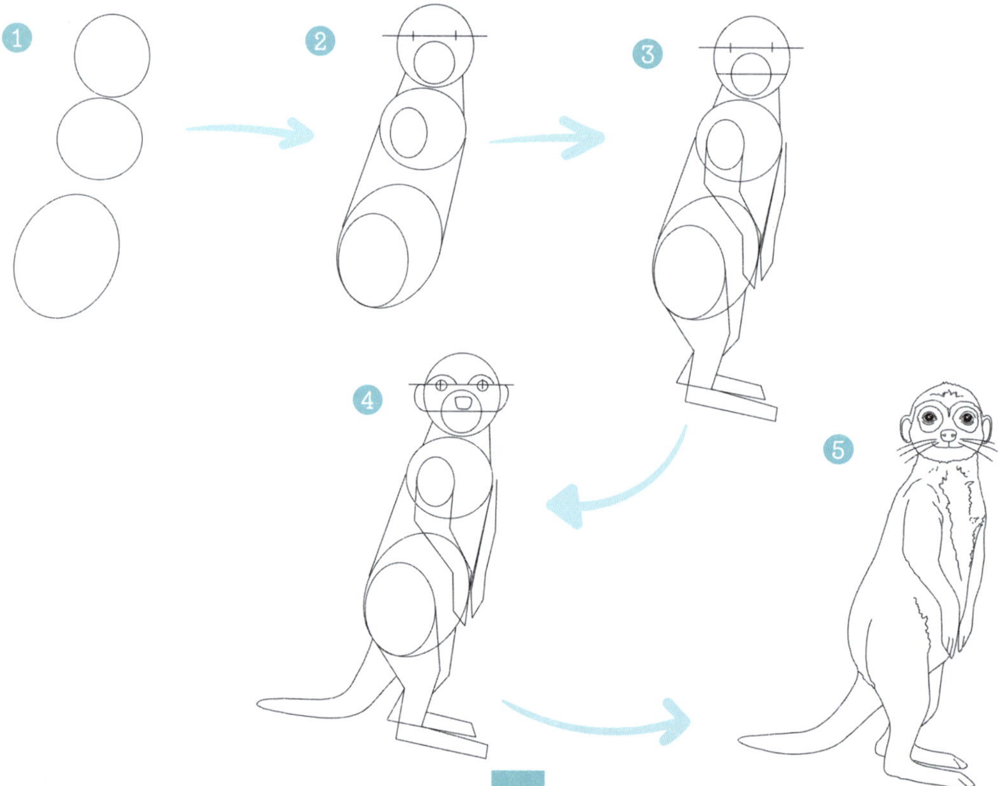

Roter Panda ★★

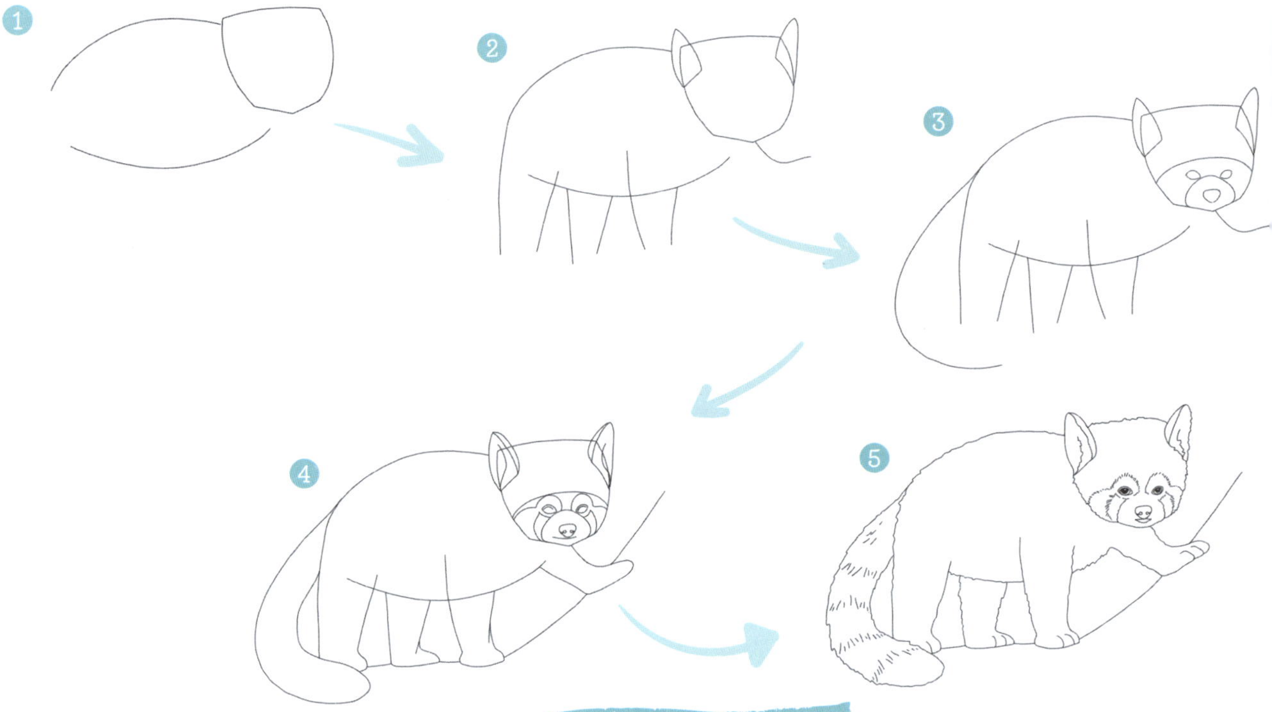

Giraffe ★★

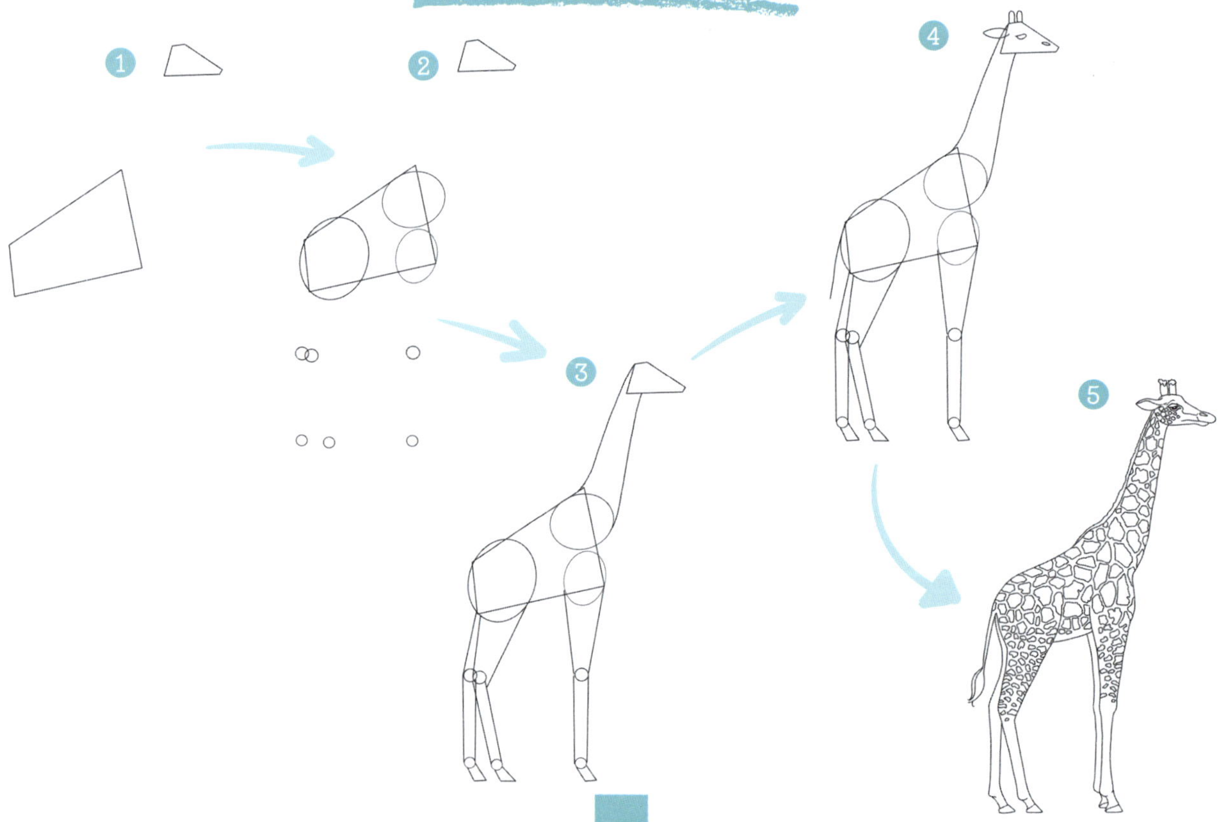

Pferd ★★★

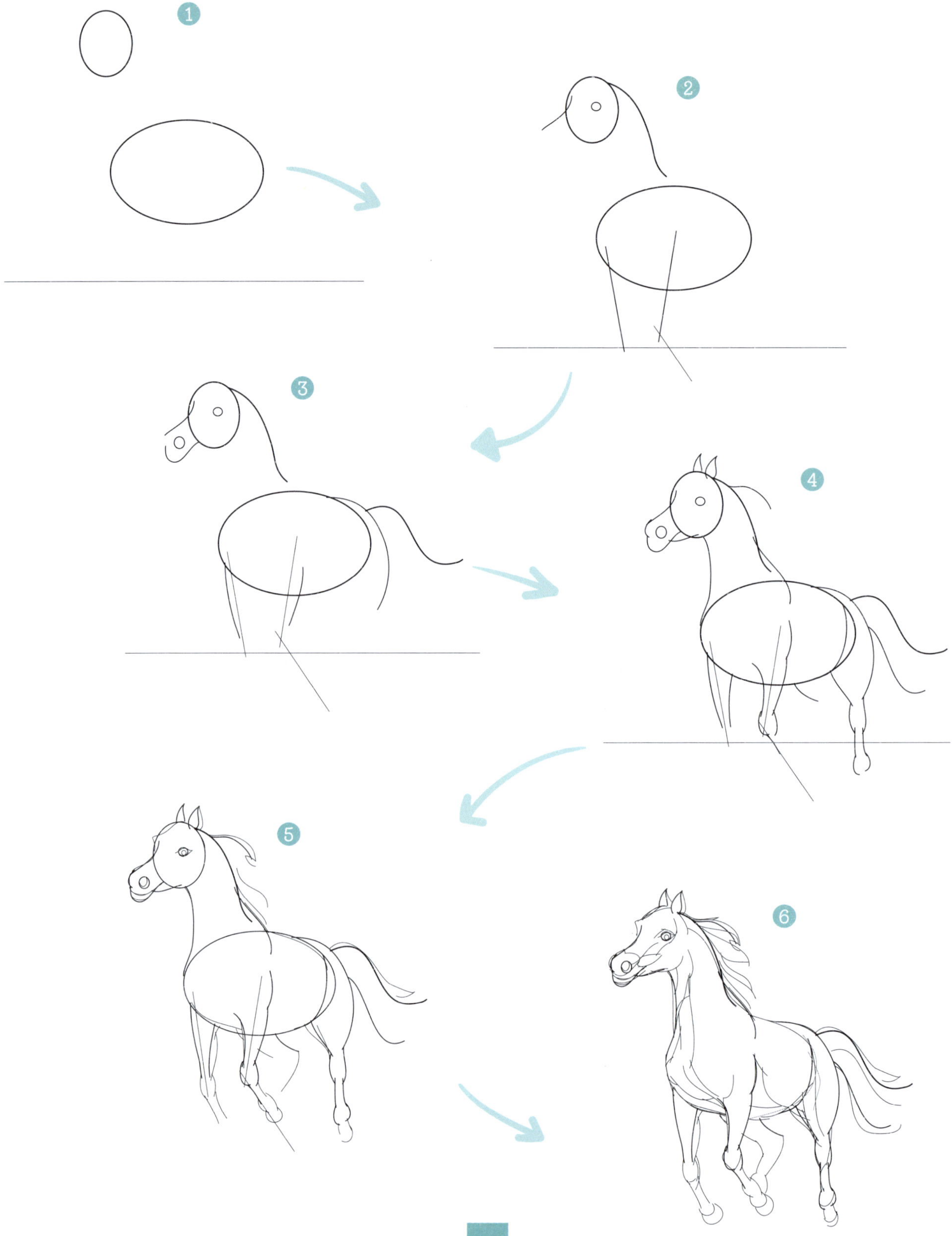

Löwe ★★★

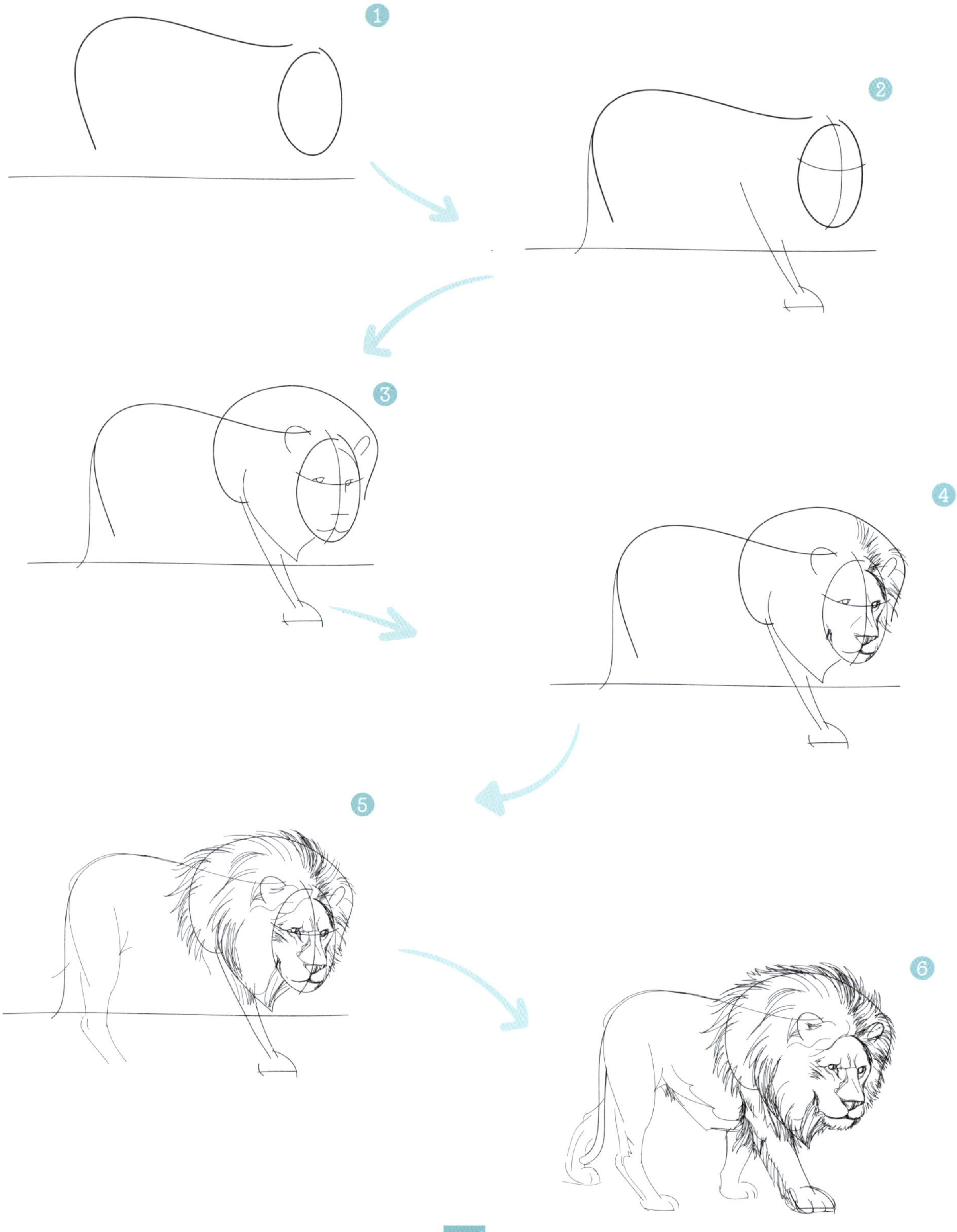

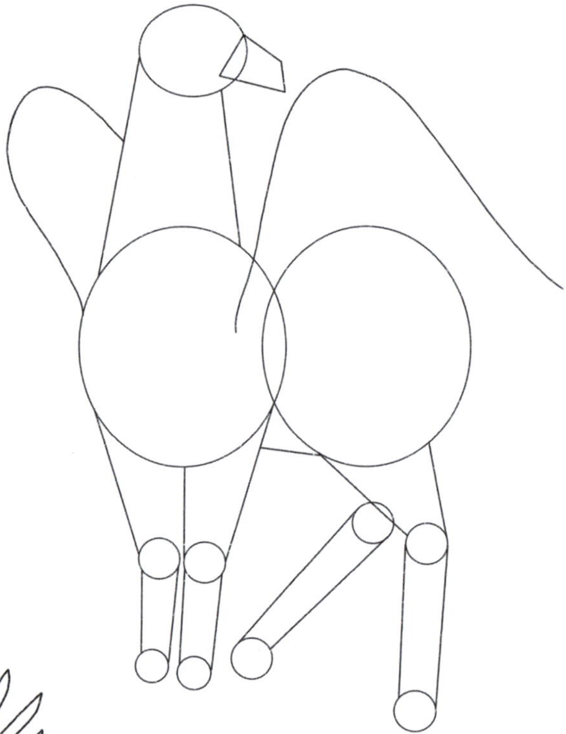
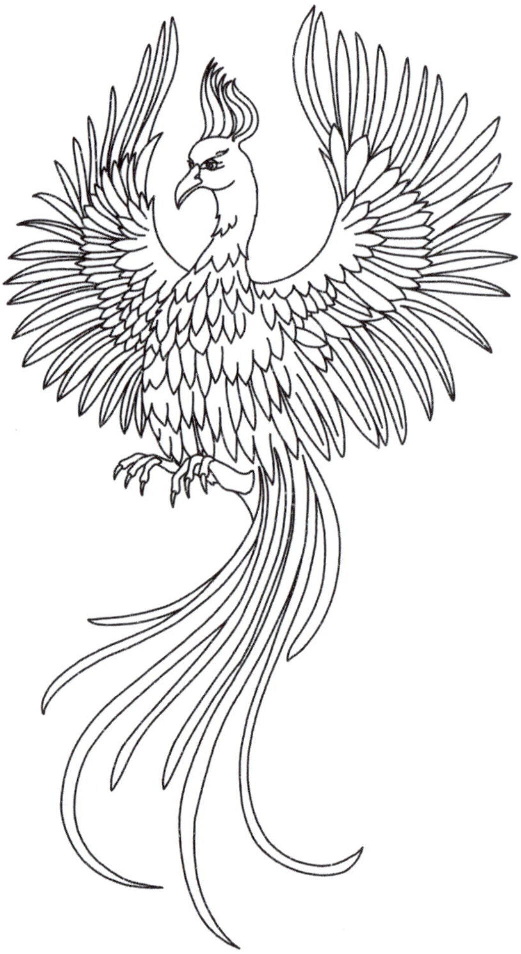
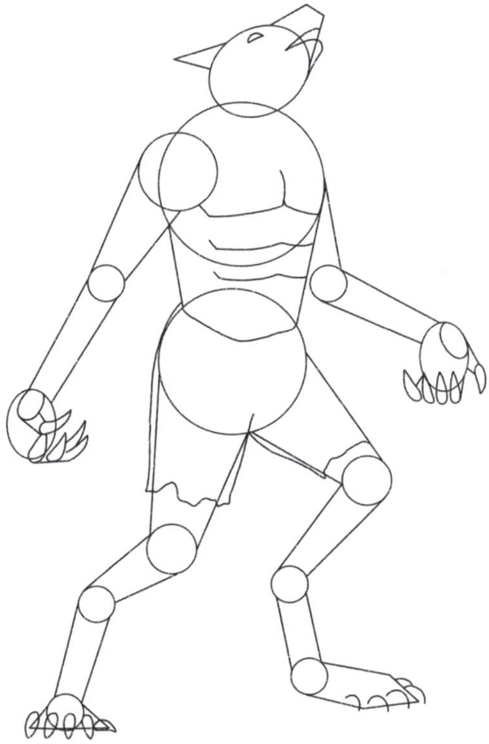

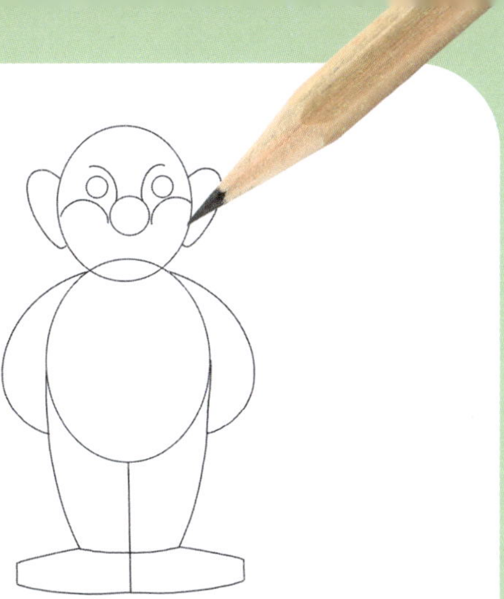

Fantasy-Motive

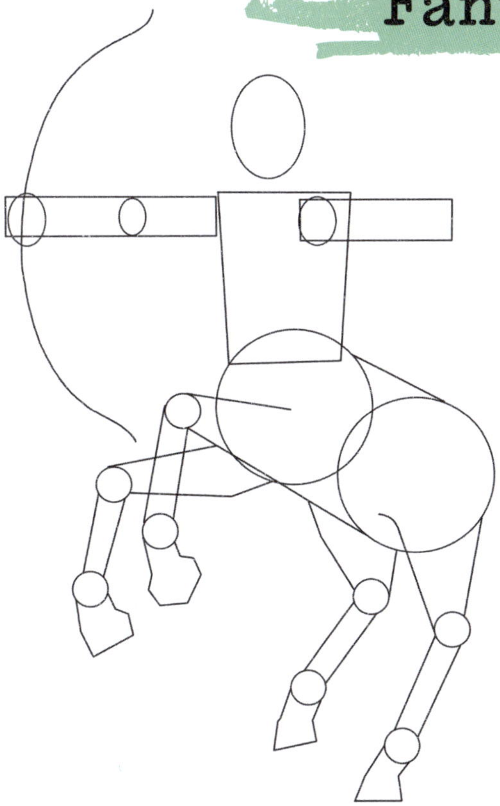

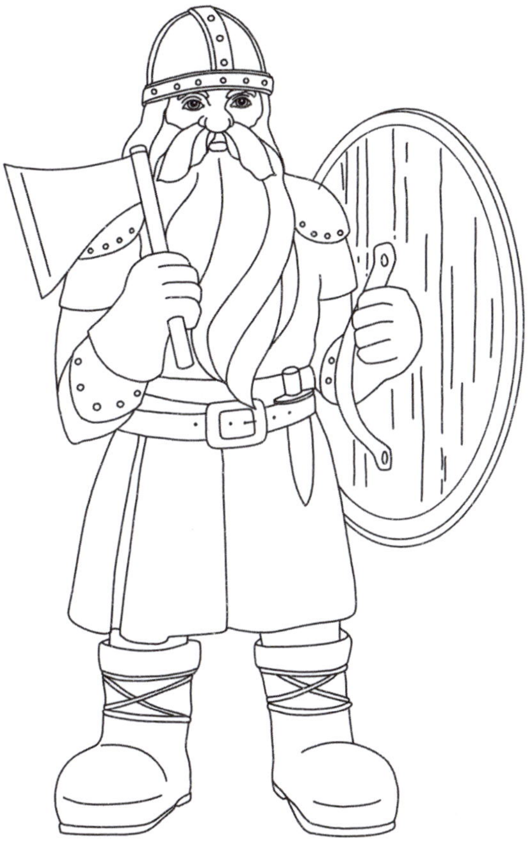

Drache ★★★

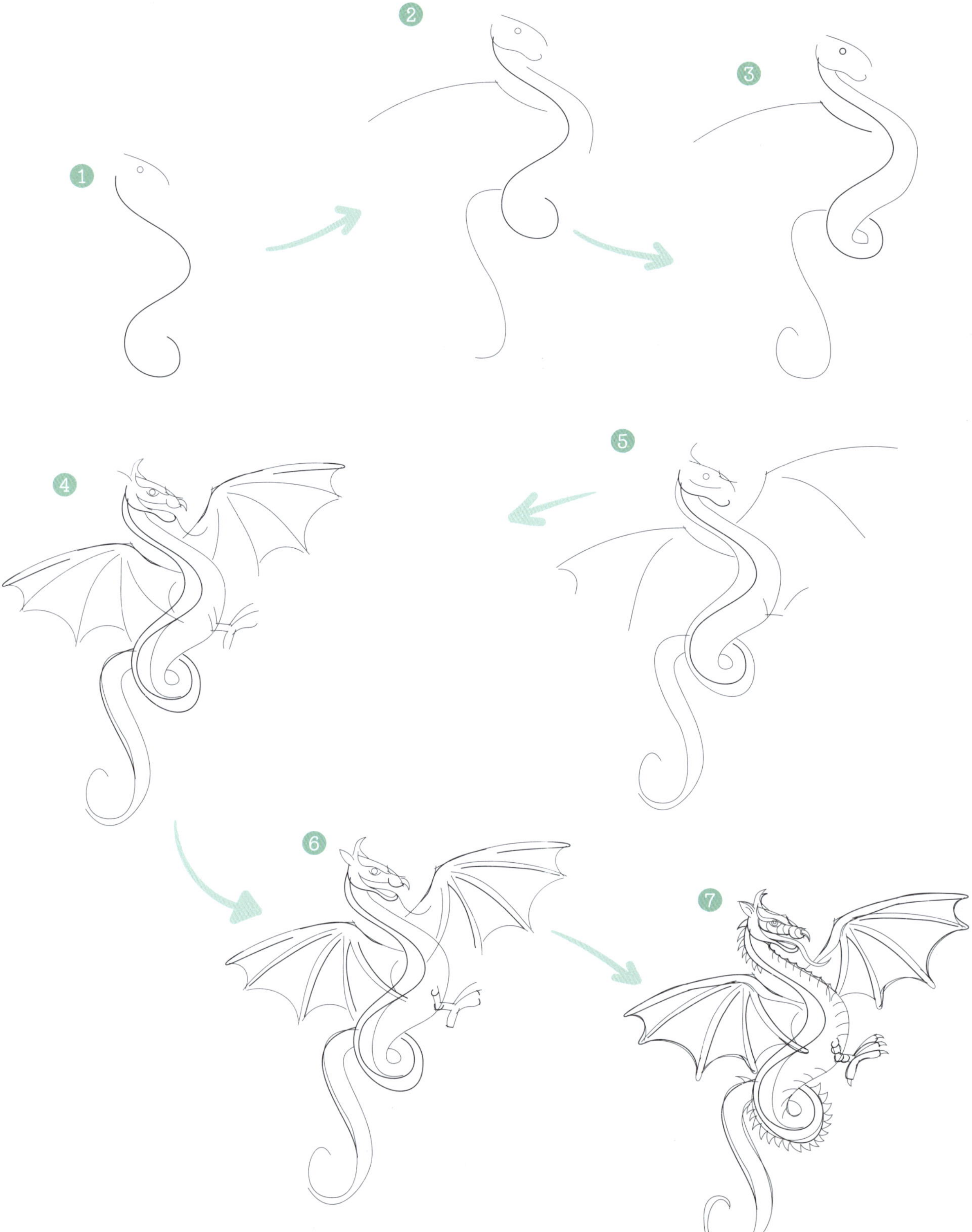

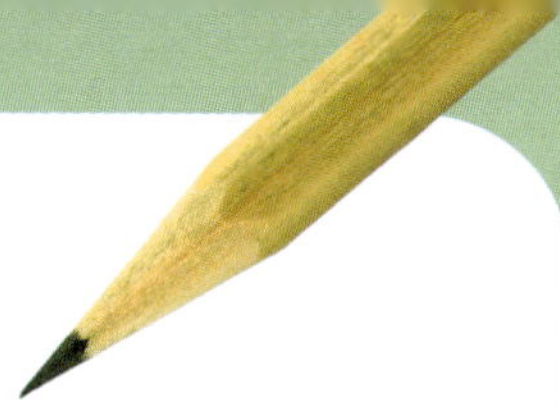

Pegasus ★★★

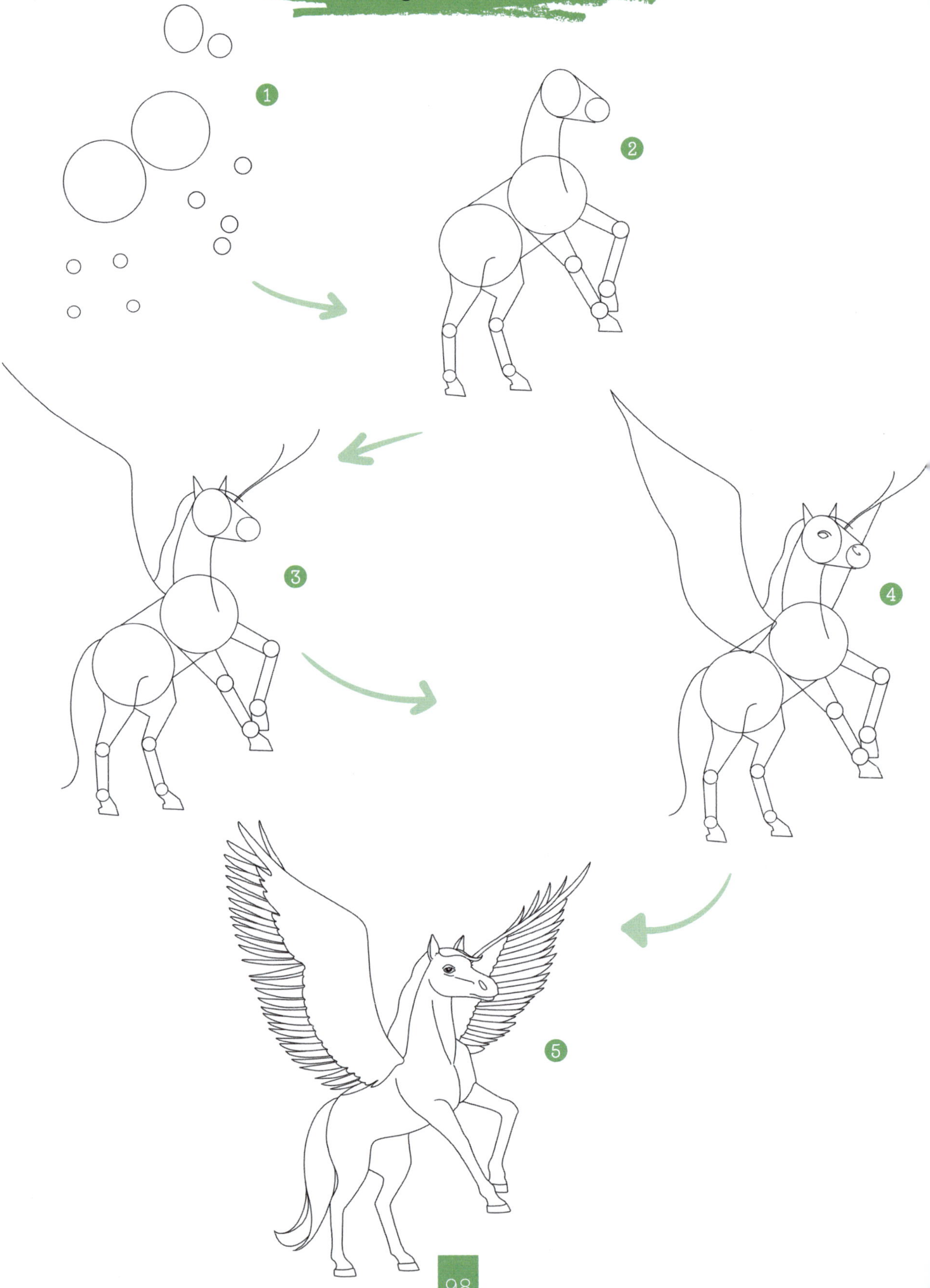

Einhorn ★★★

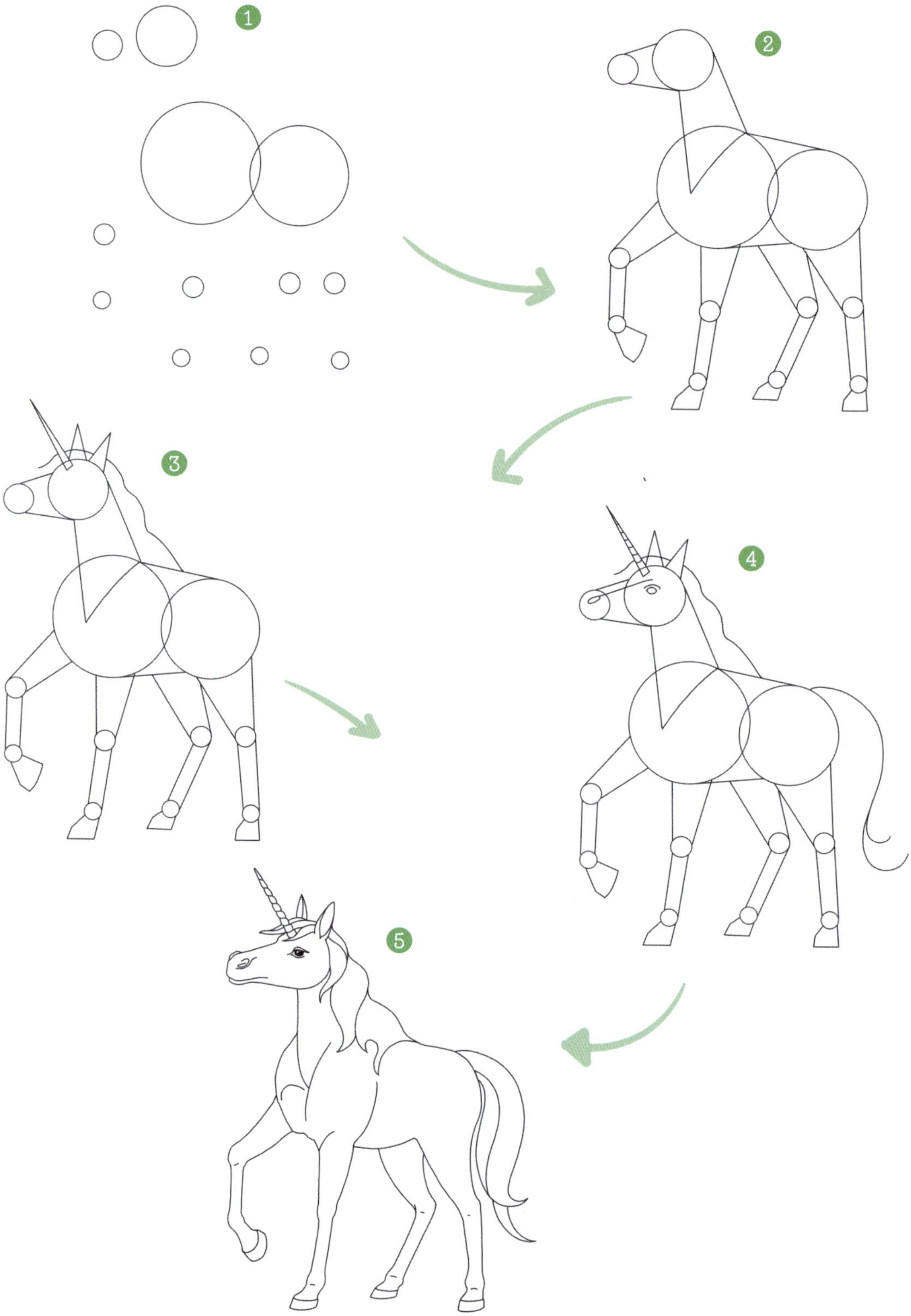

Werwolf ★★★

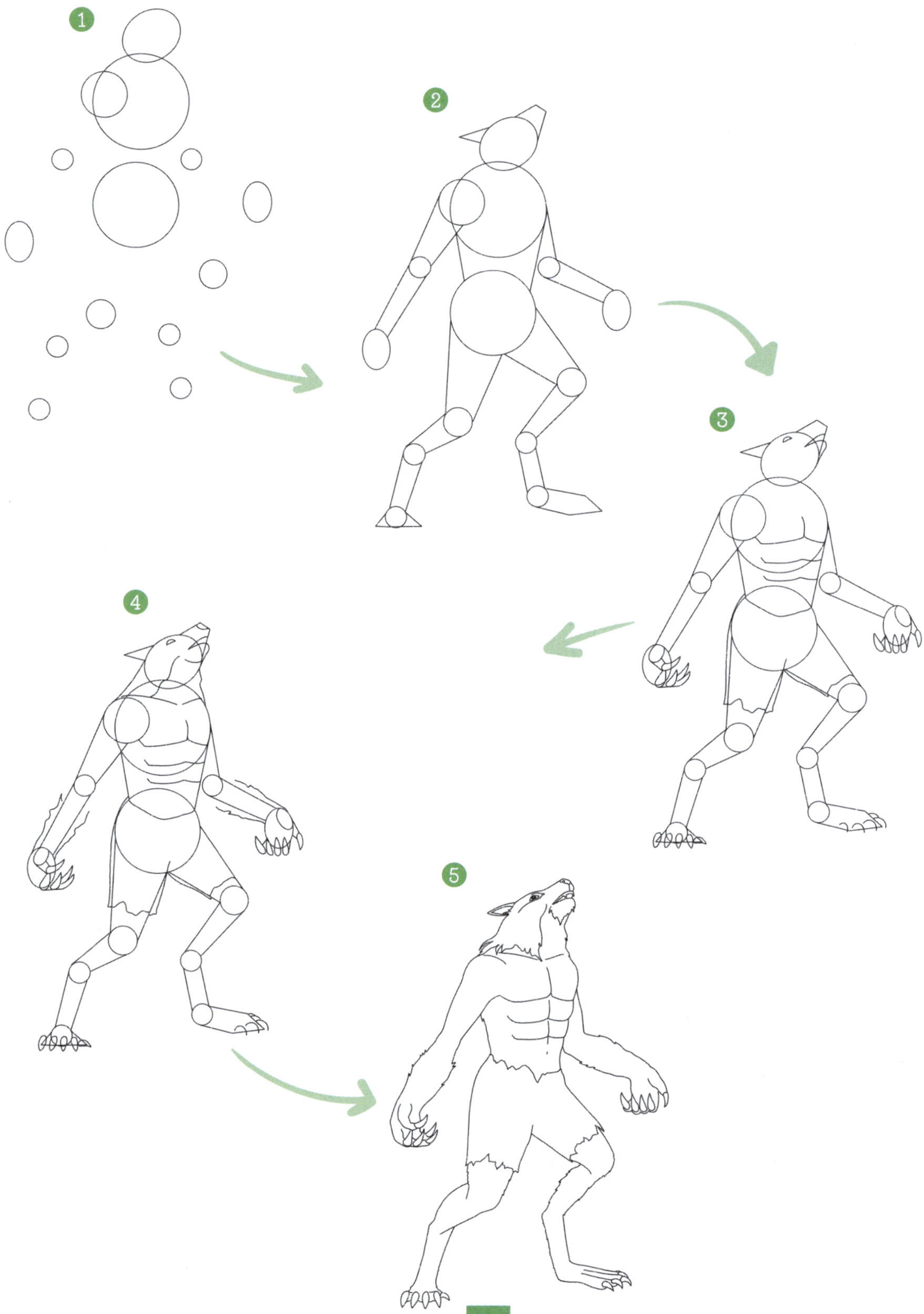

Troll ★★★

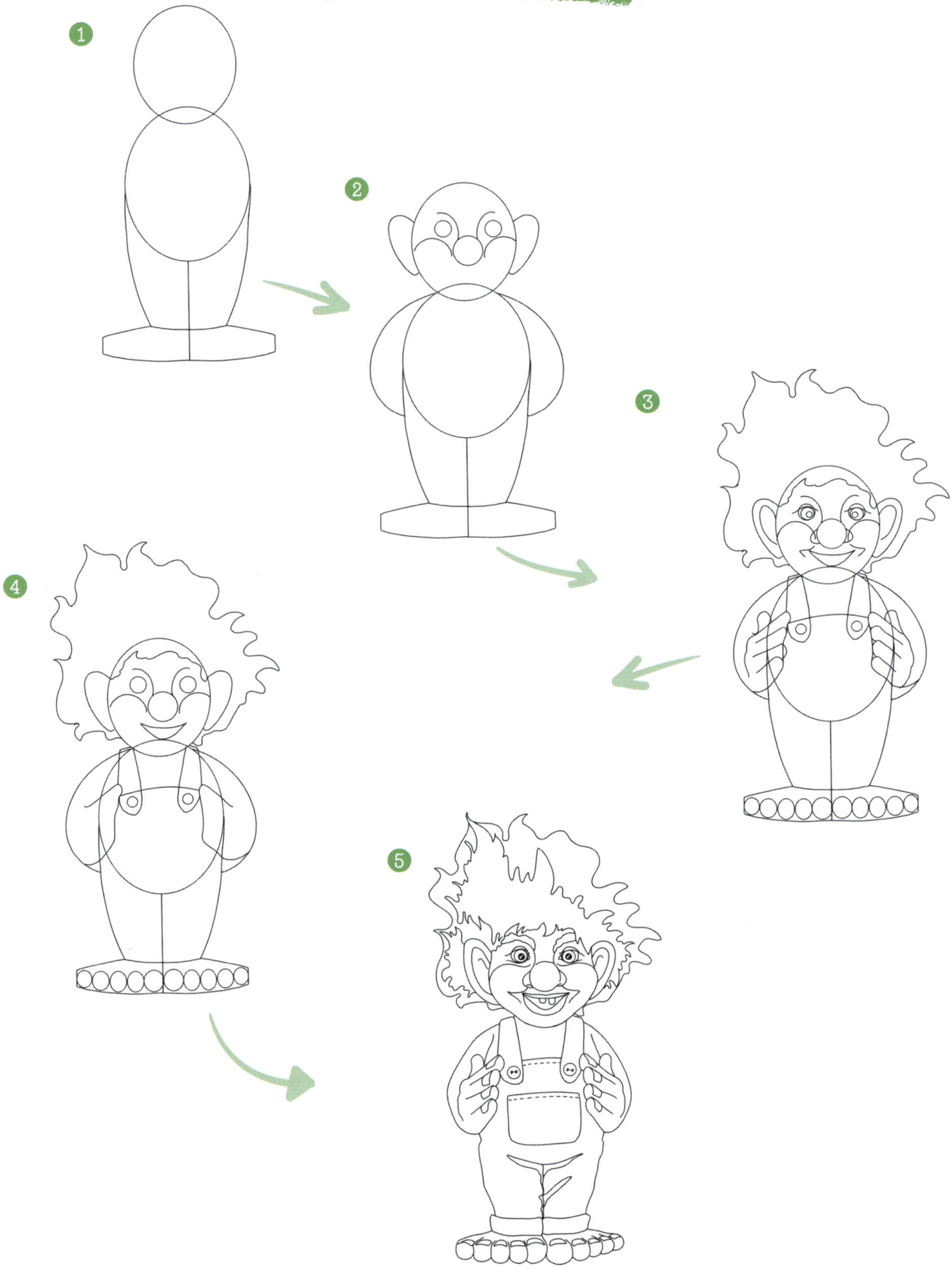

Hippogreif ★★★

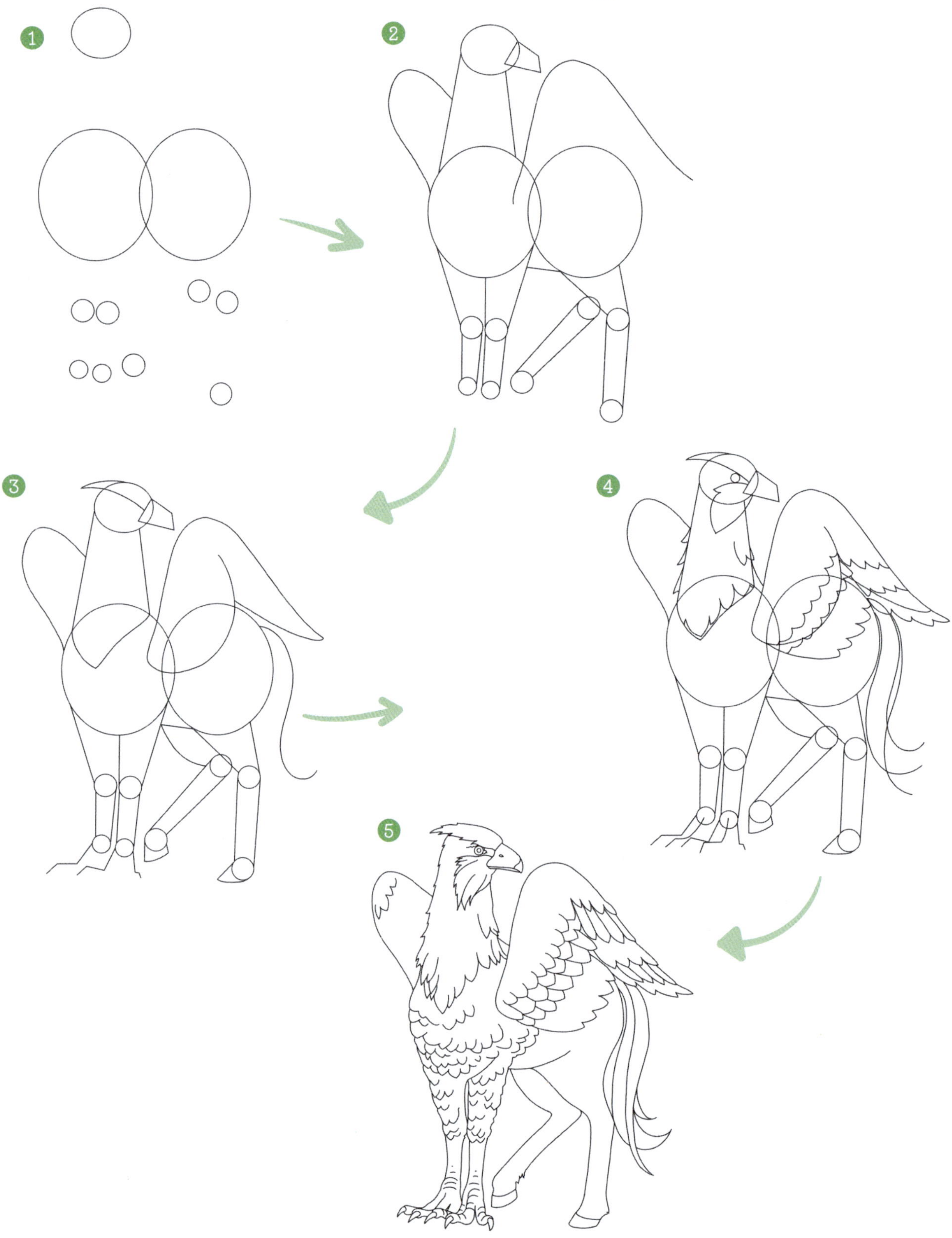

Zentaur ★★★

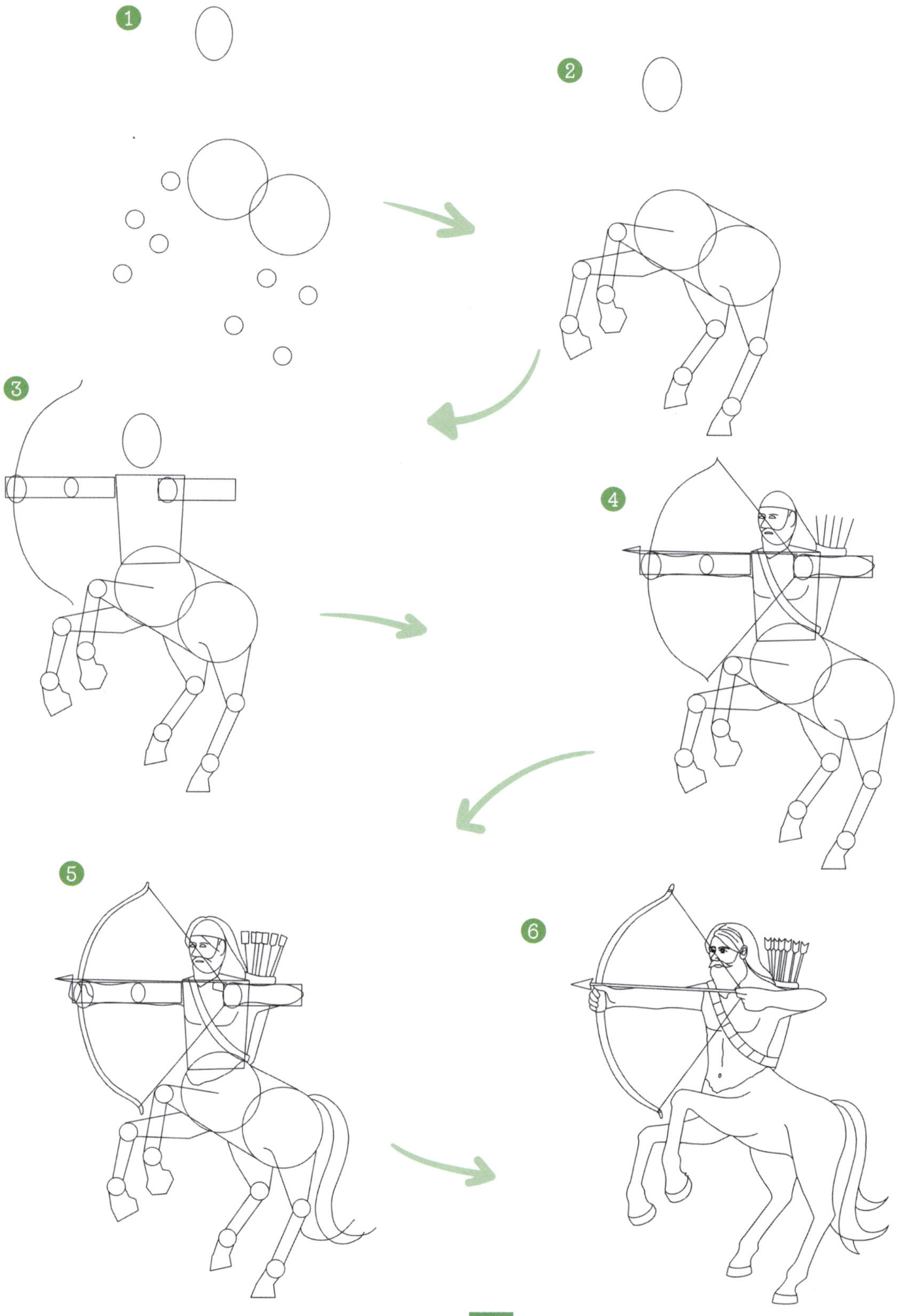

Phönix ★★★

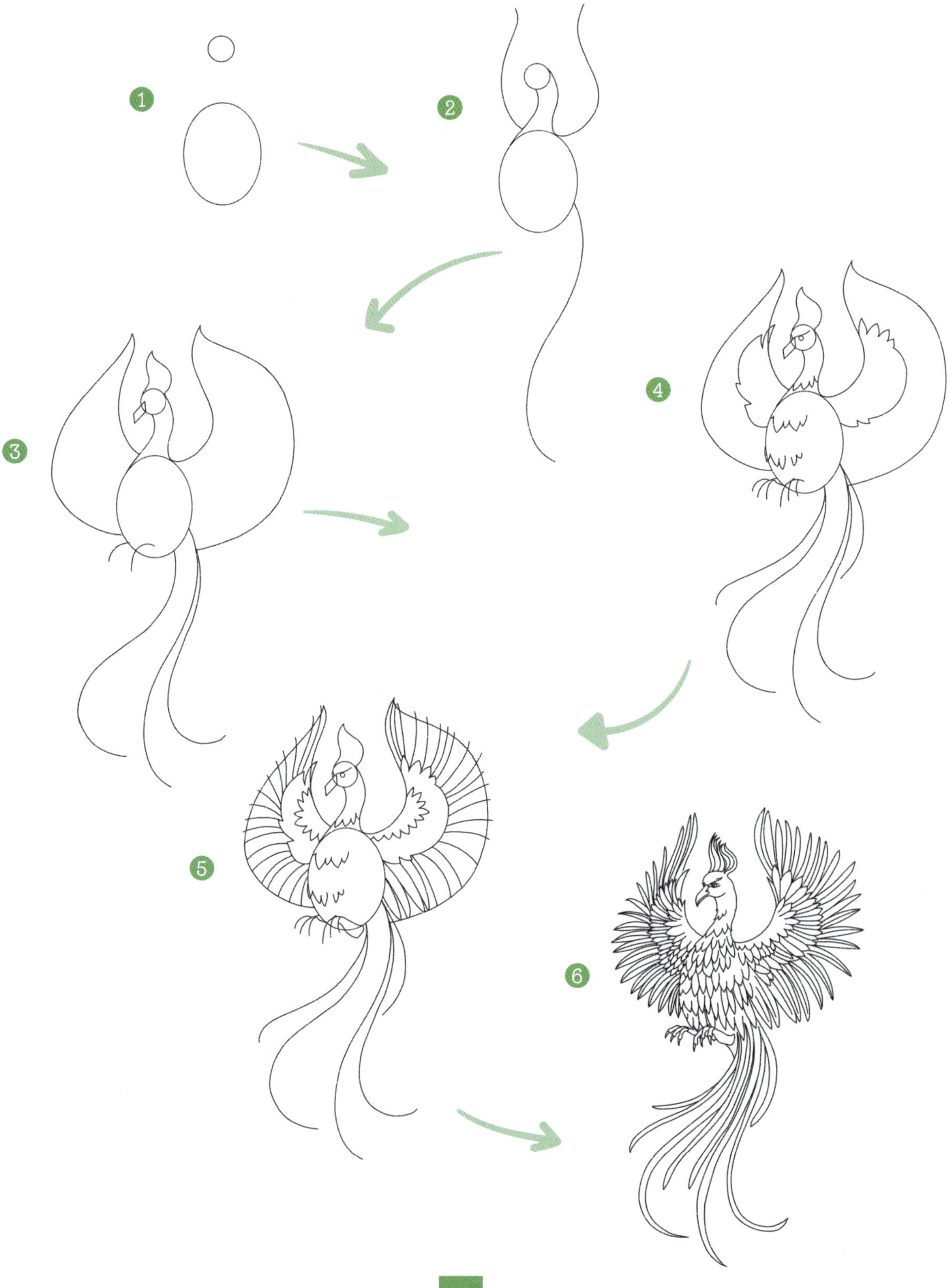

Zwerg ★★★

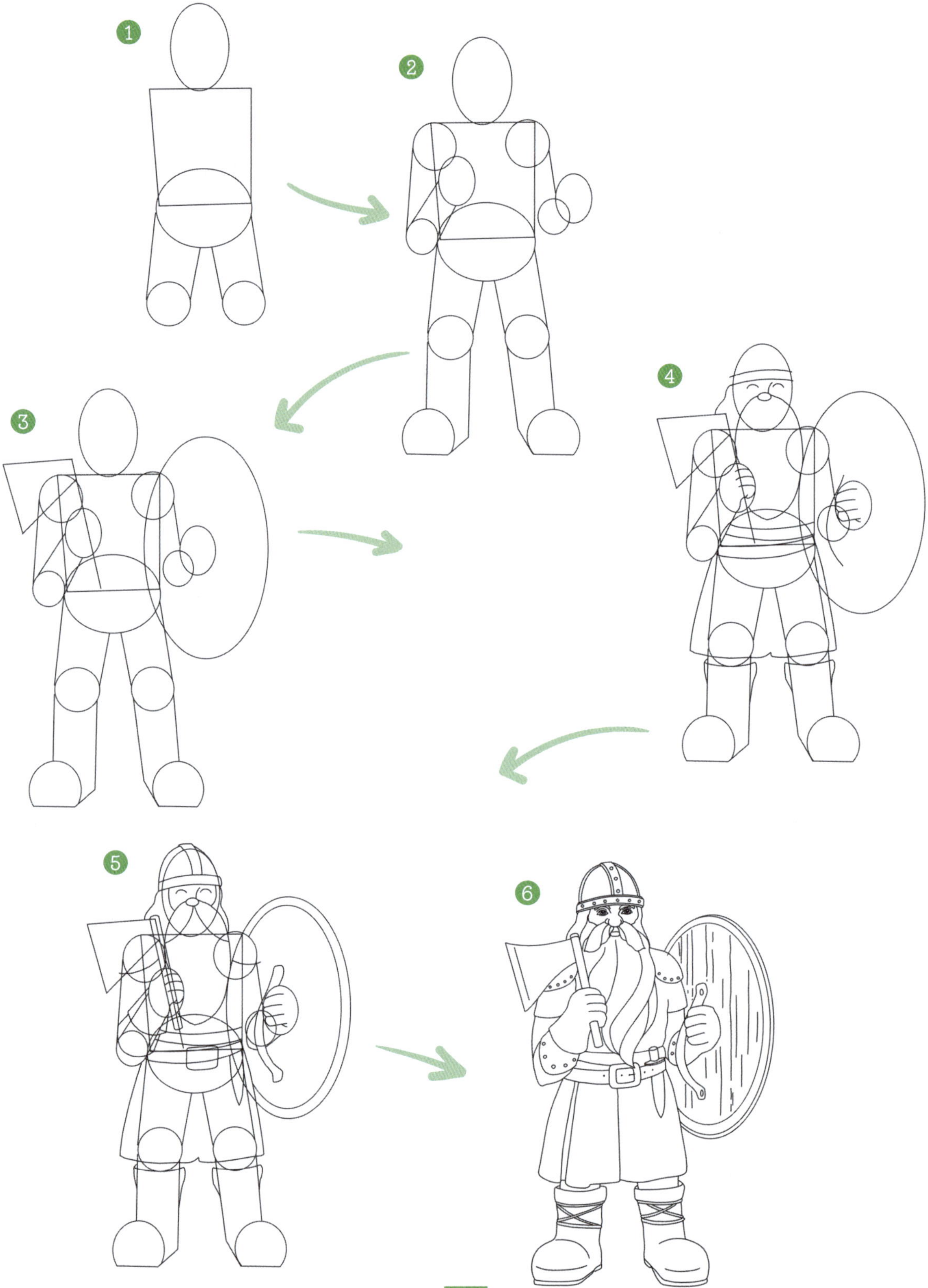

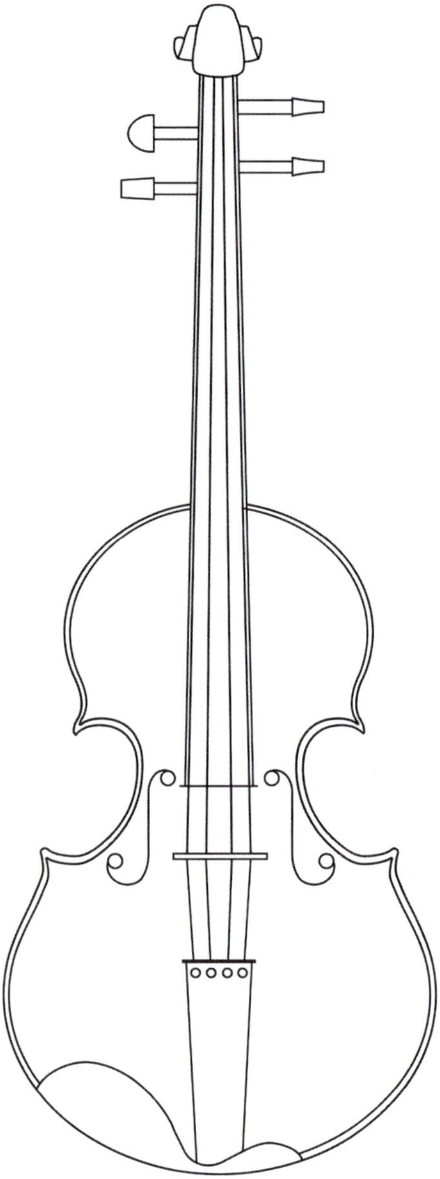

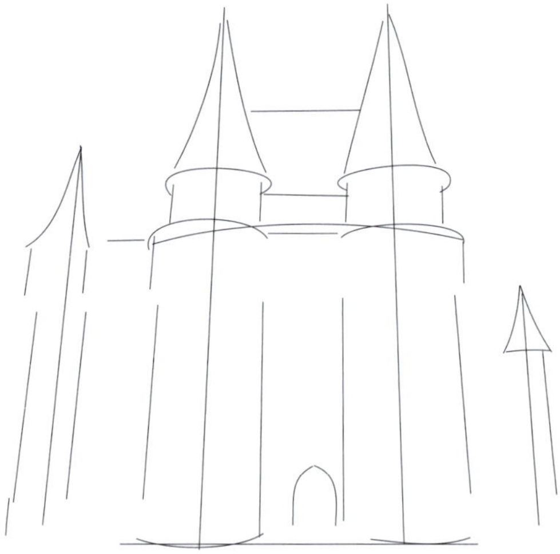

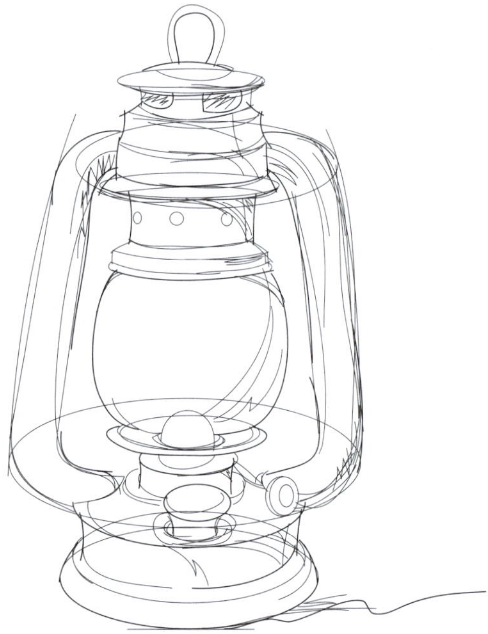

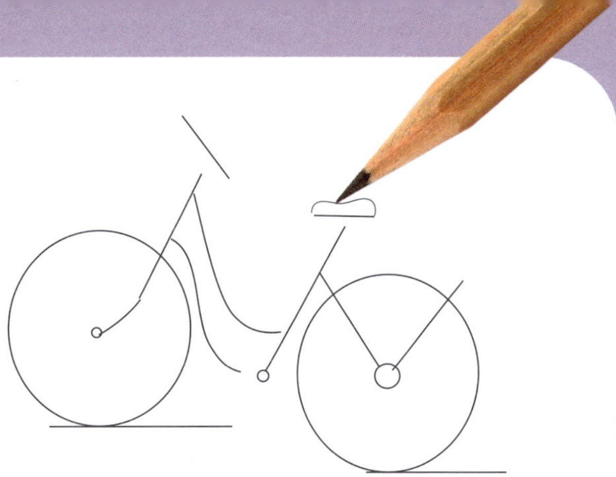

Schöne Dinge & Gebäude

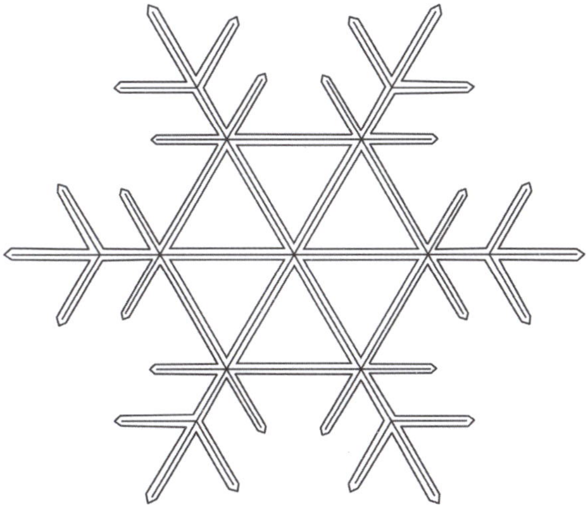

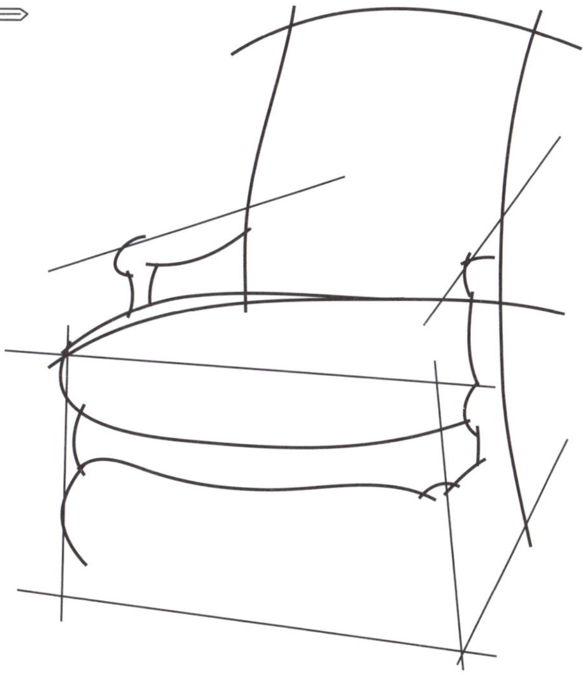

Kanne ★★

1

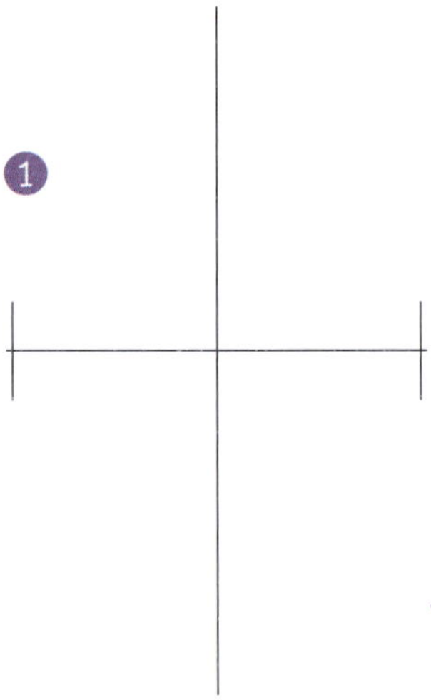

2

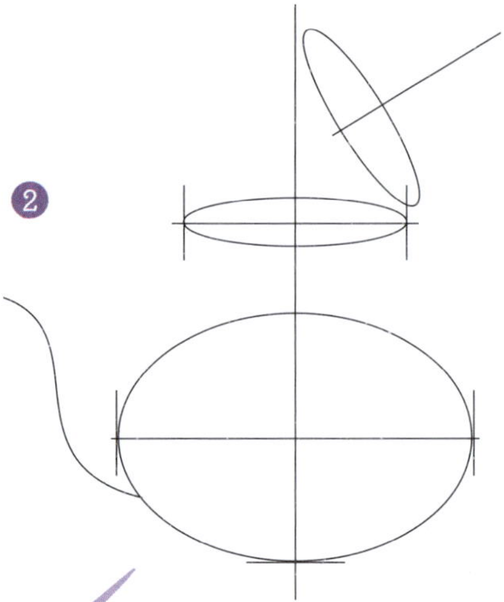

3

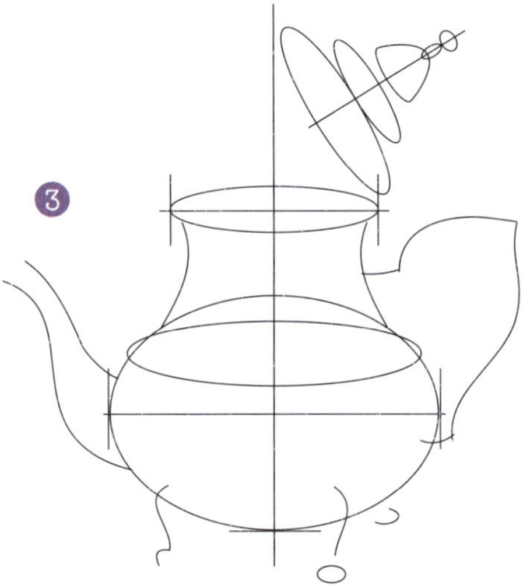

4

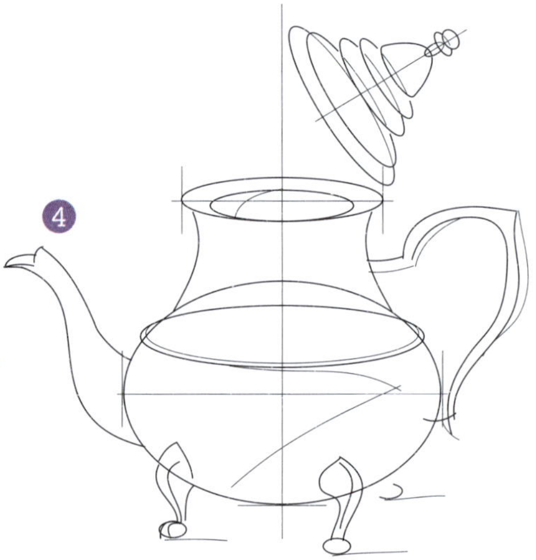

5

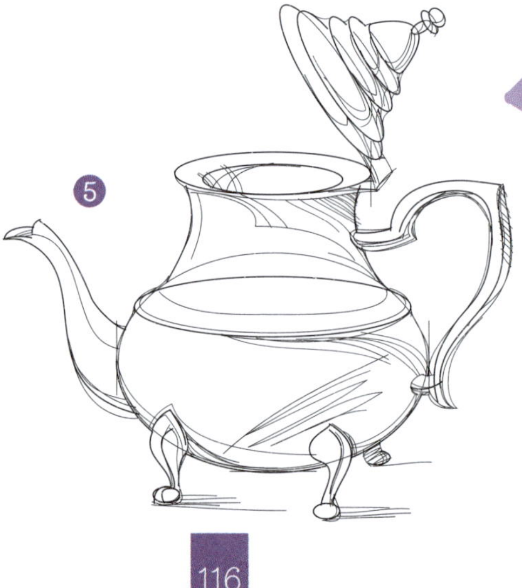

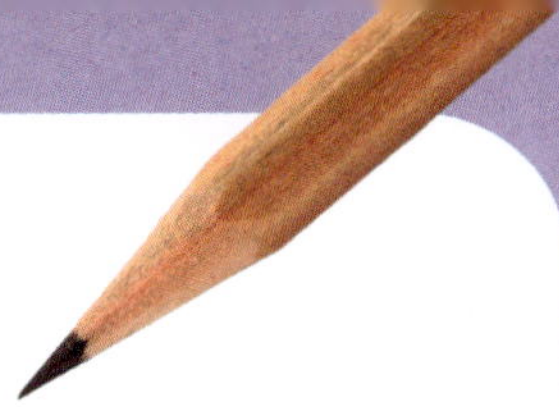

Schirm ★★

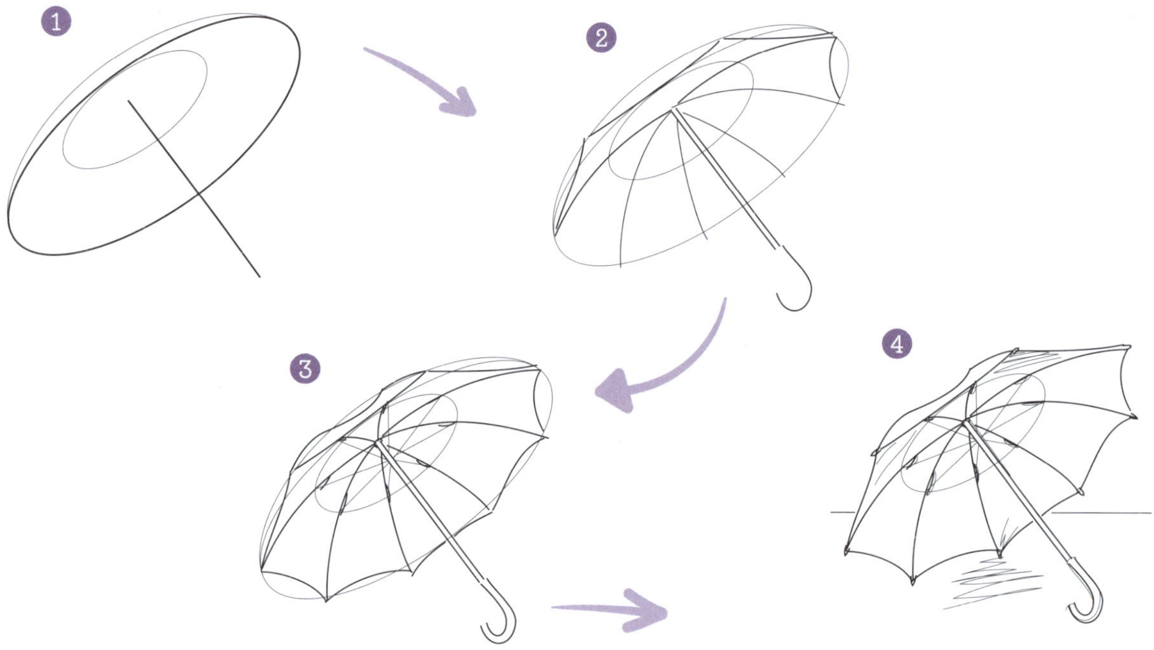

Lampe ★★★

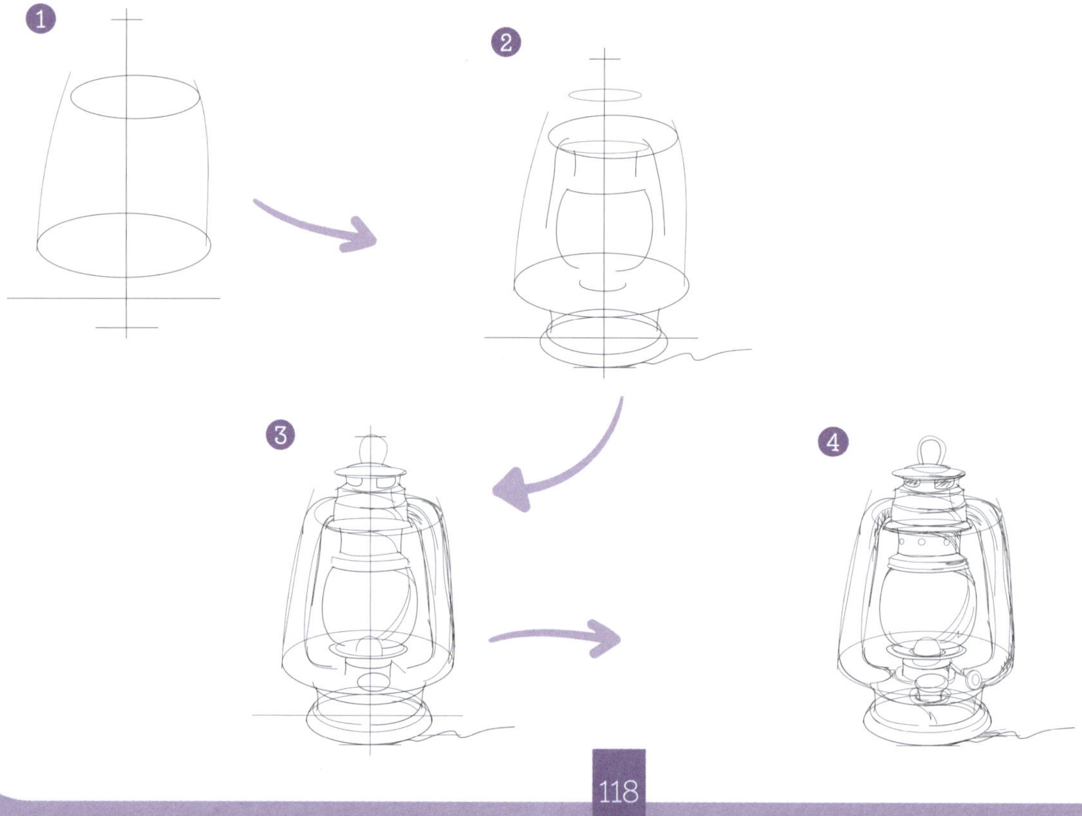

Barock-Stuhl ★

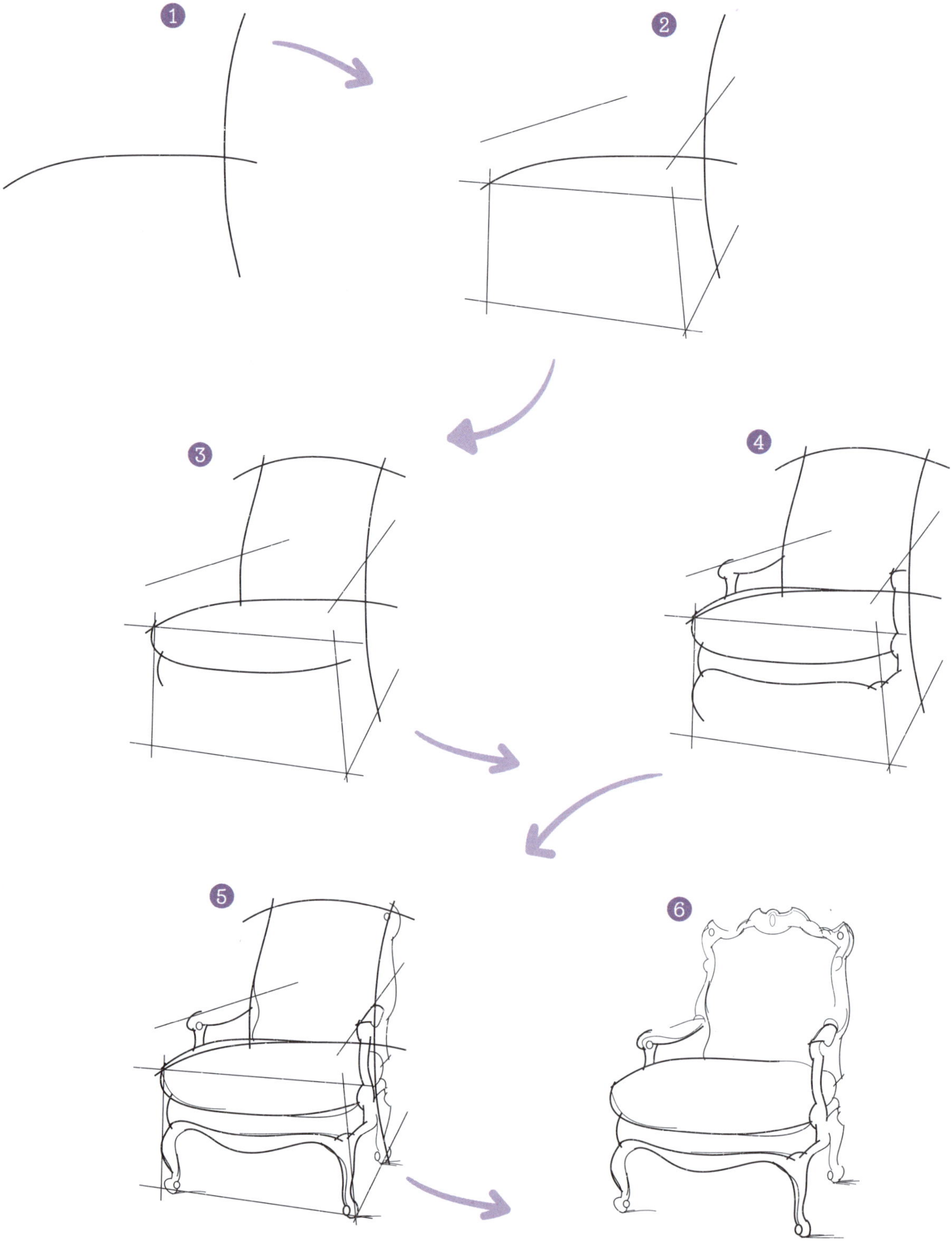

Glas ✯

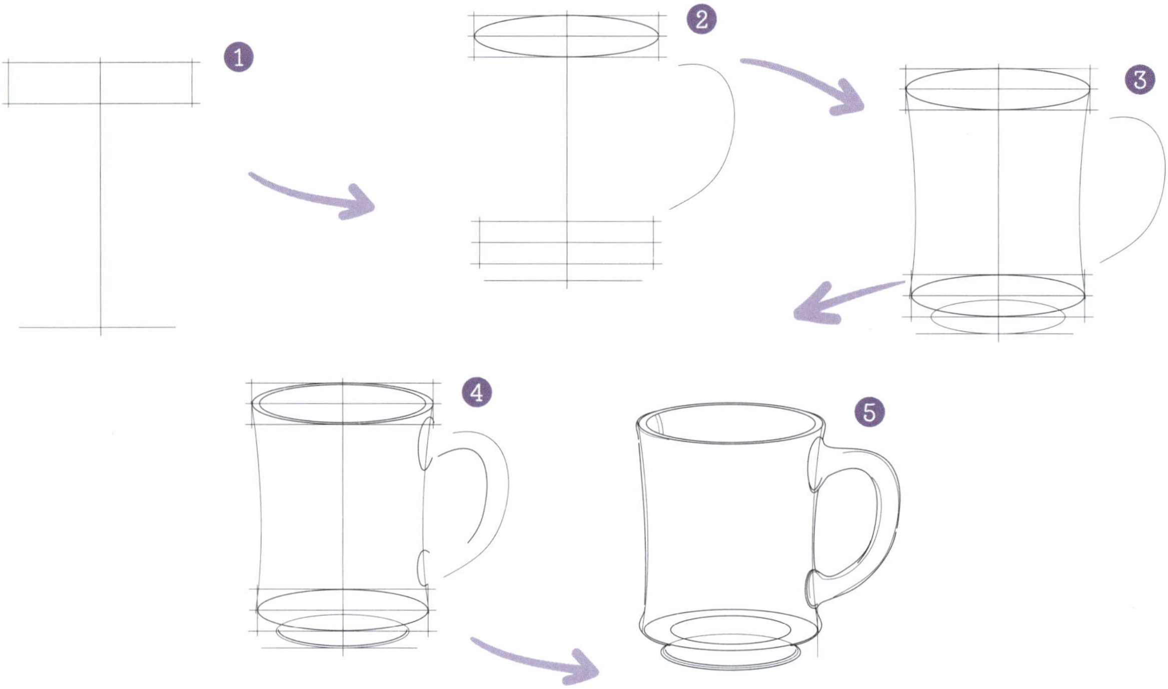

Vase ✯

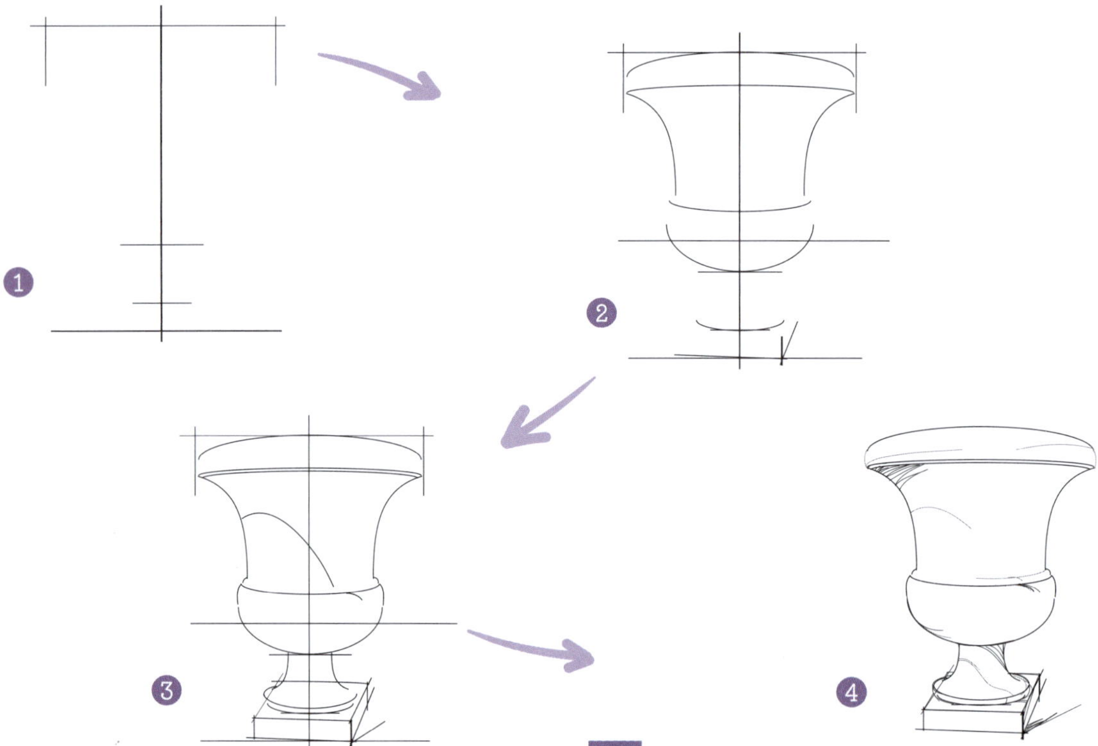

Schloss ★★

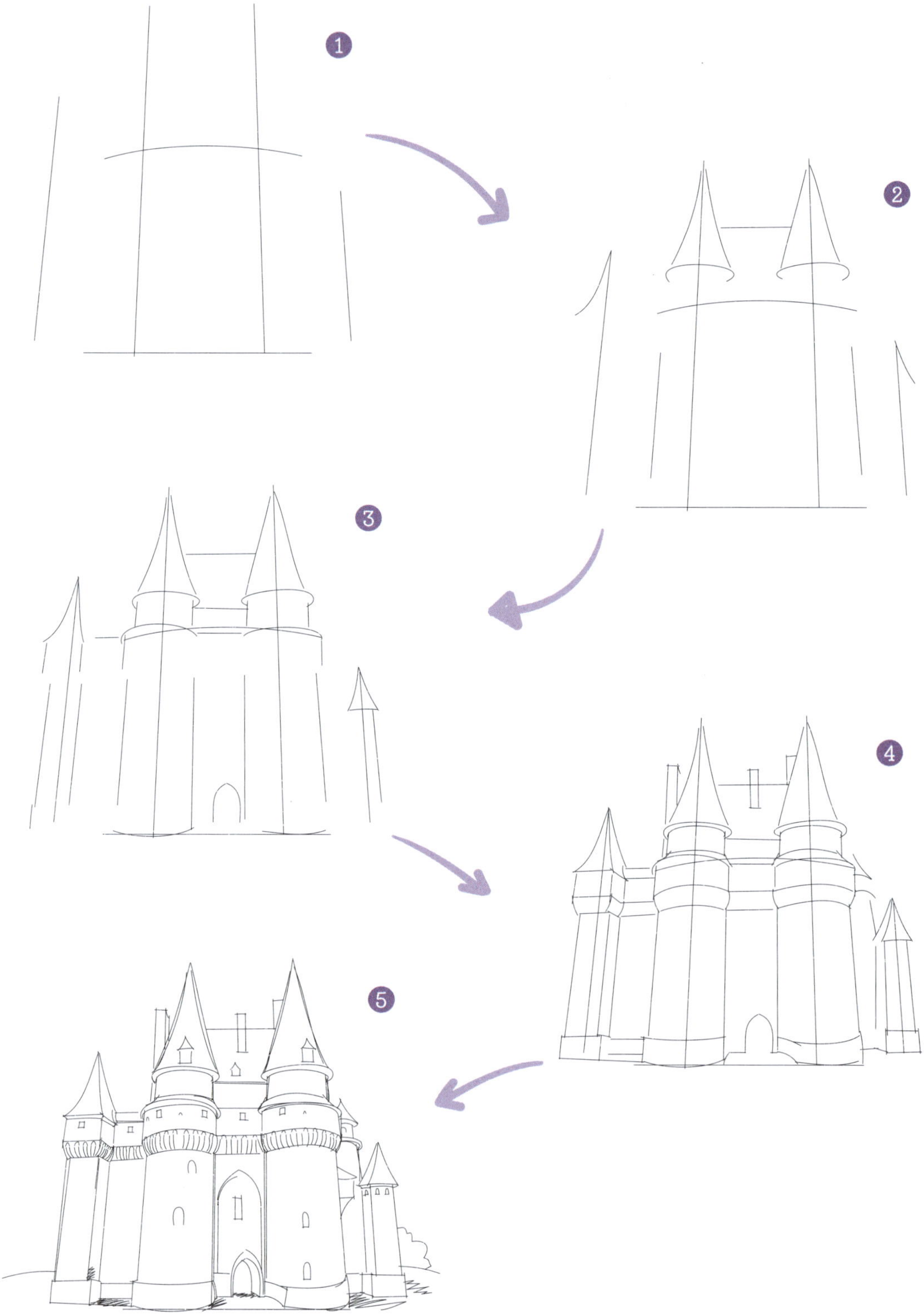

Anker ★★

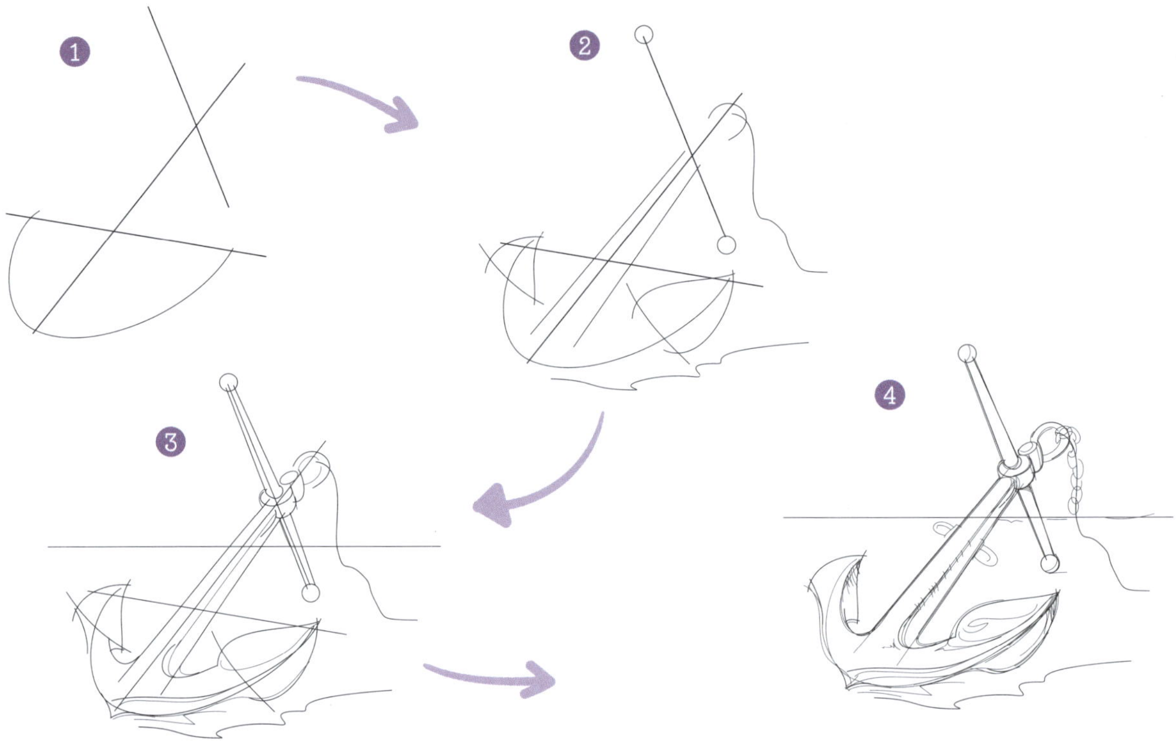

Fahrrad ★★★

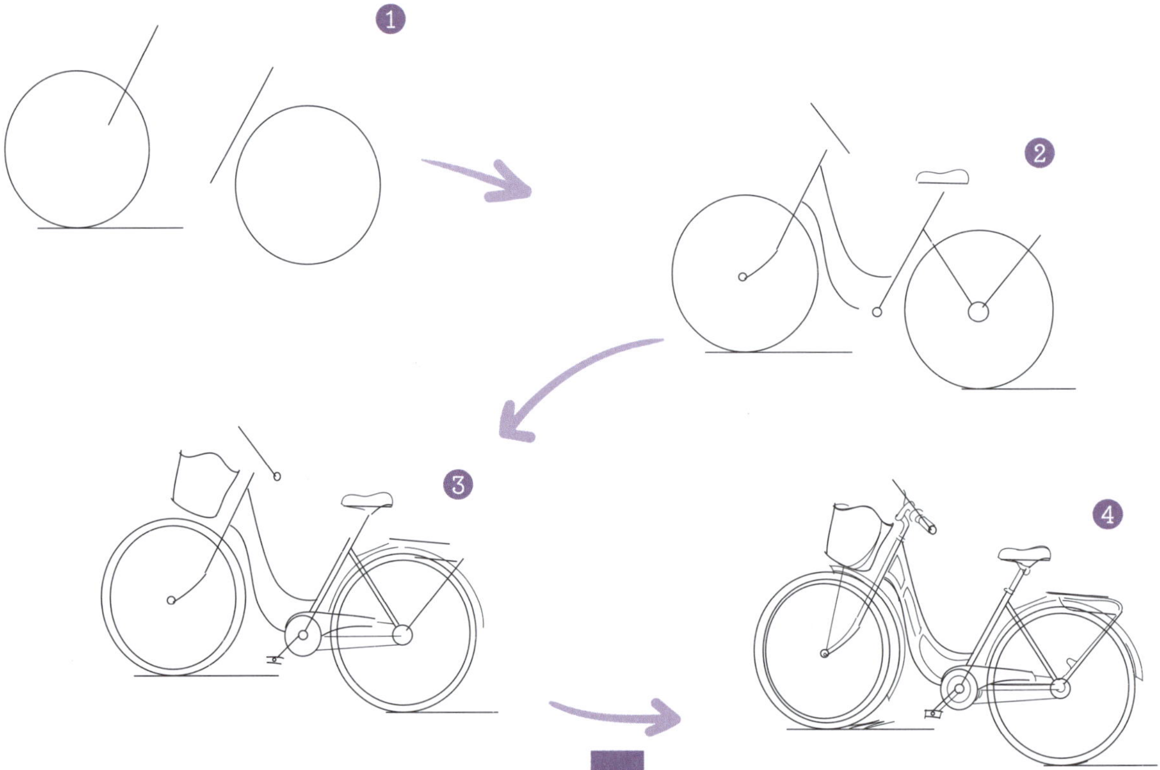

Kirche ★★★

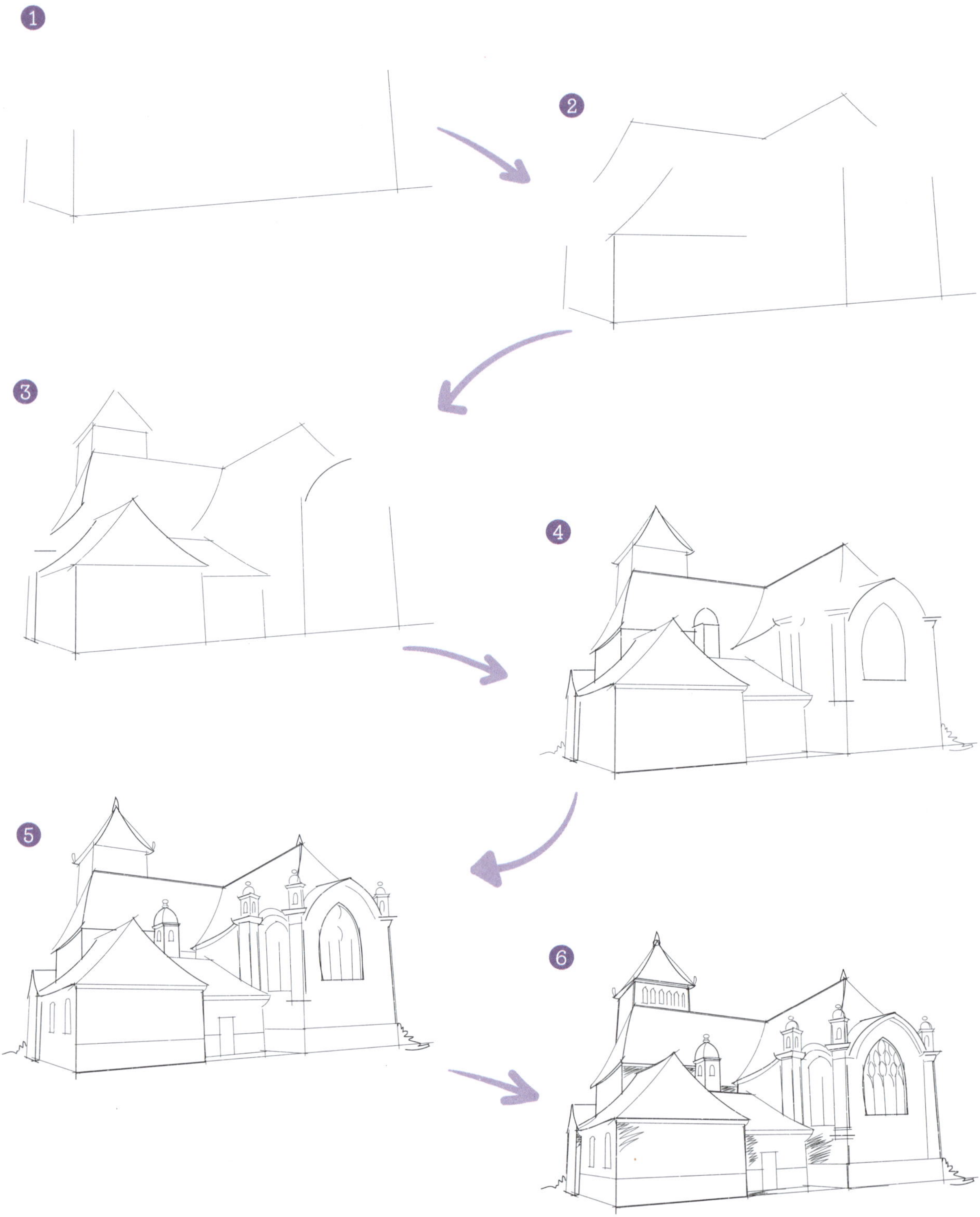

Frühstücksszene ★★★

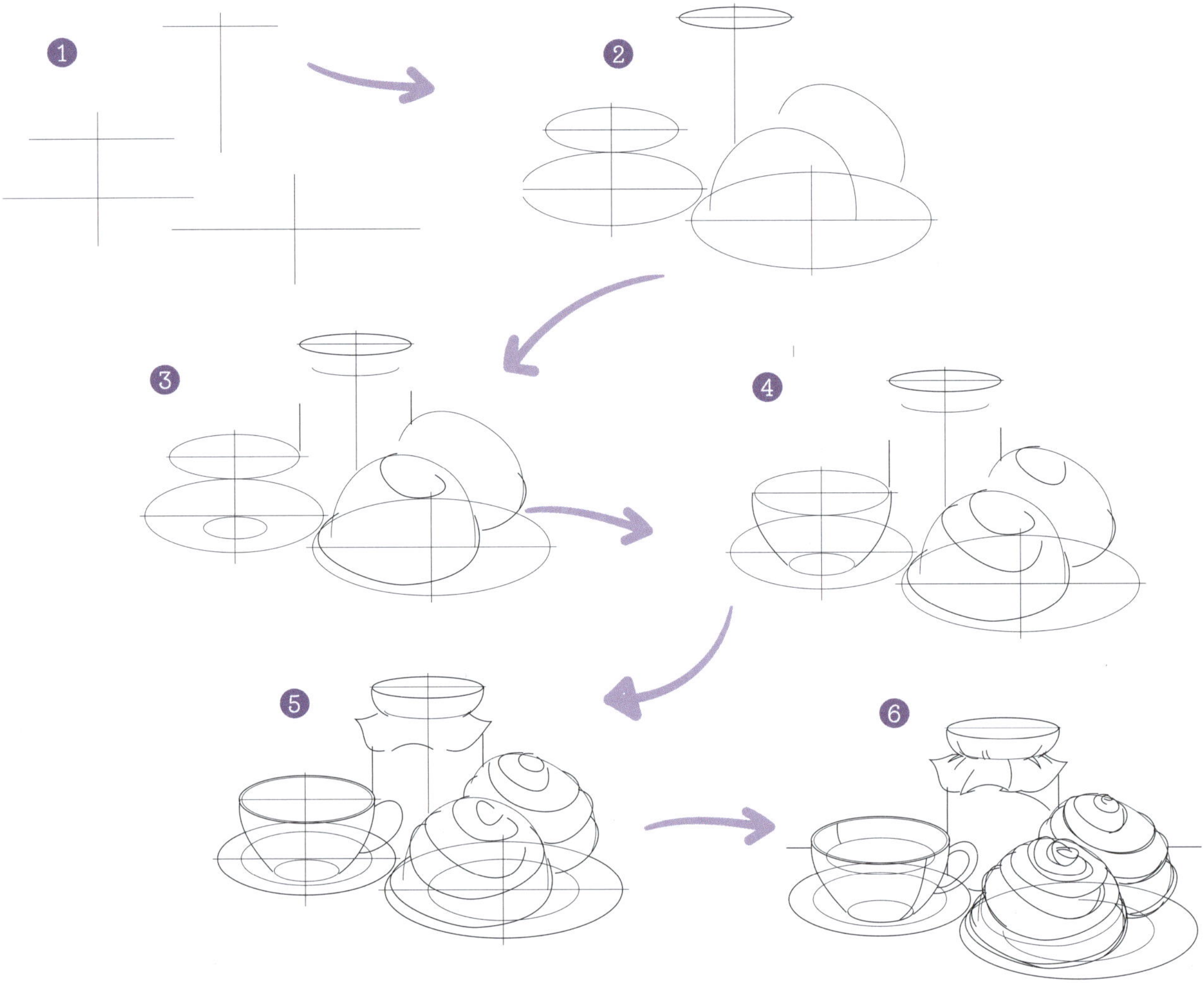

Tasche ★

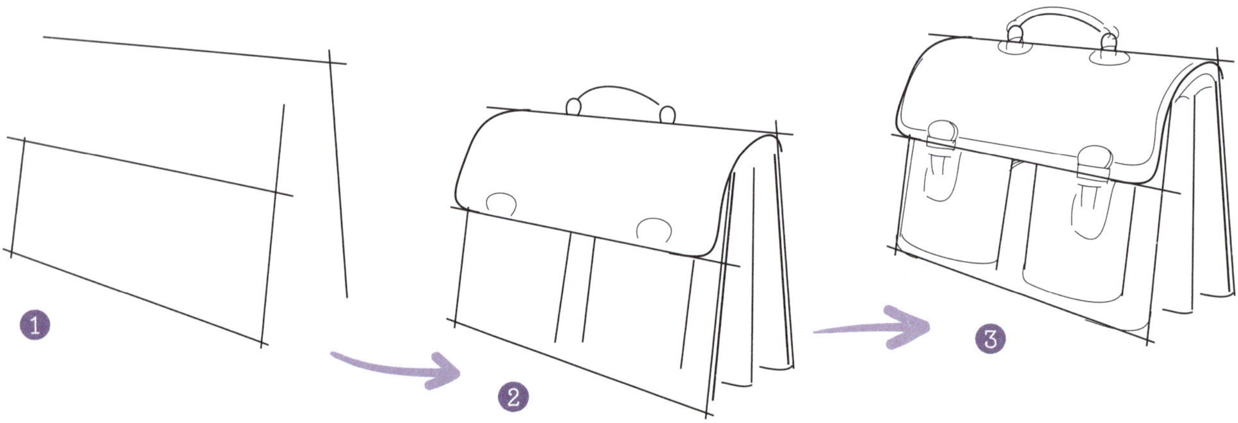

Globus ★

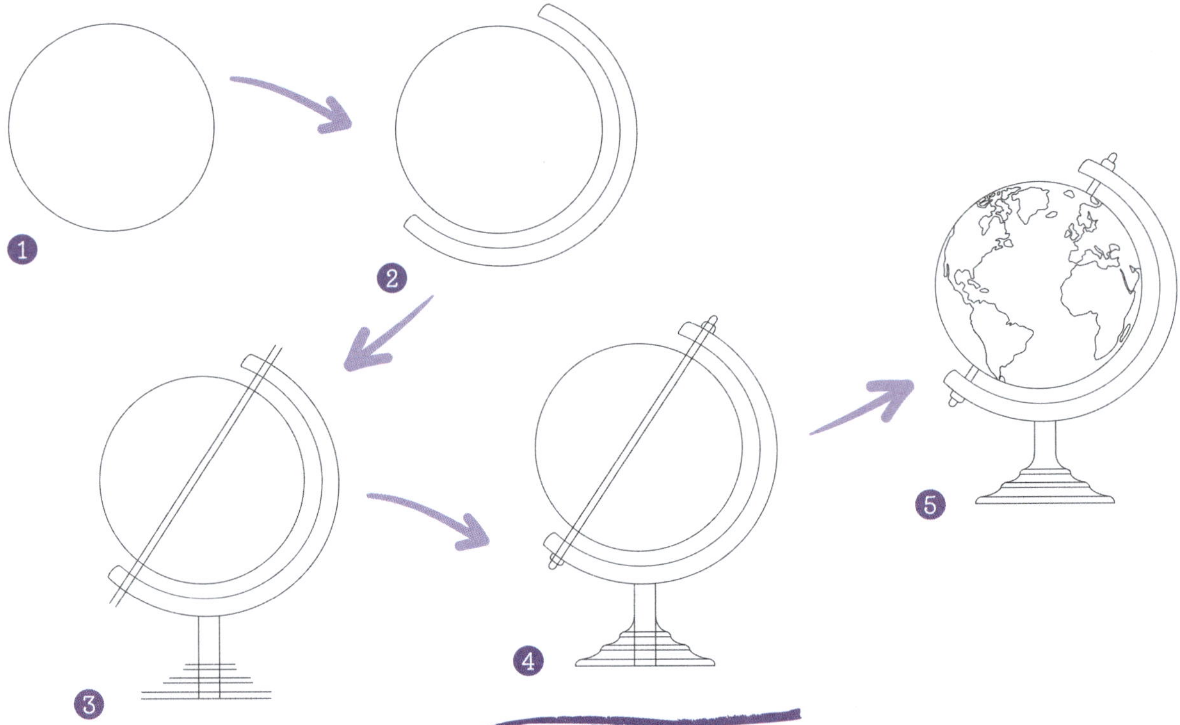

Fotoapparat ★

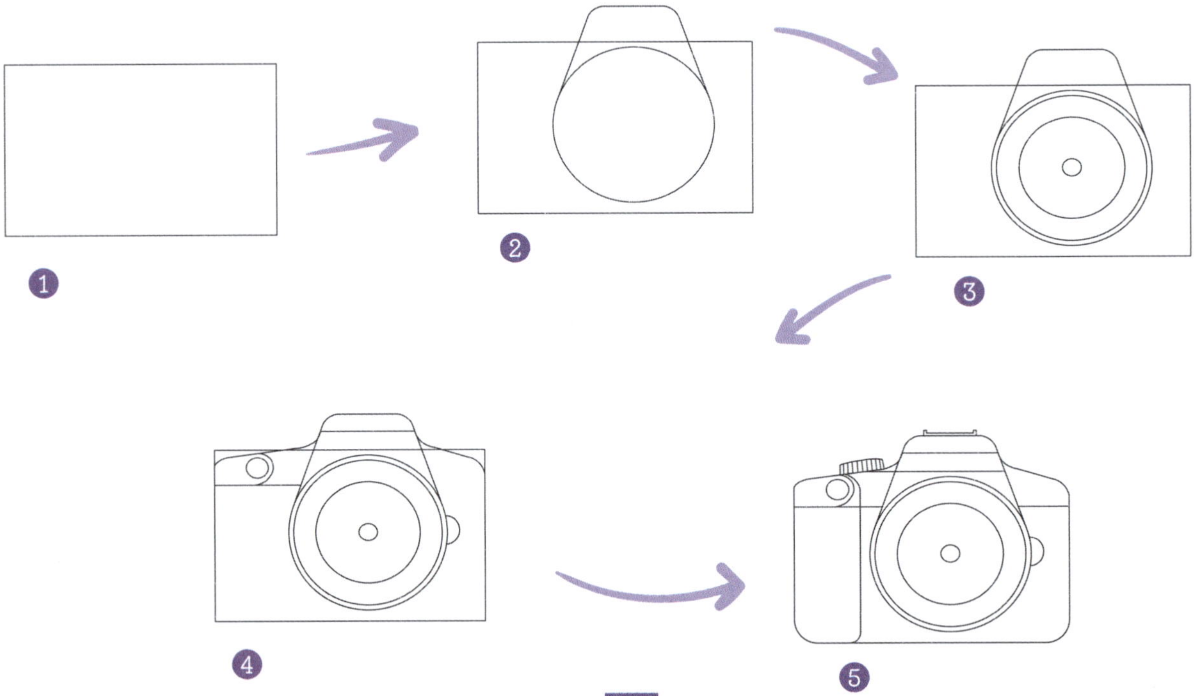

Geschenk ★

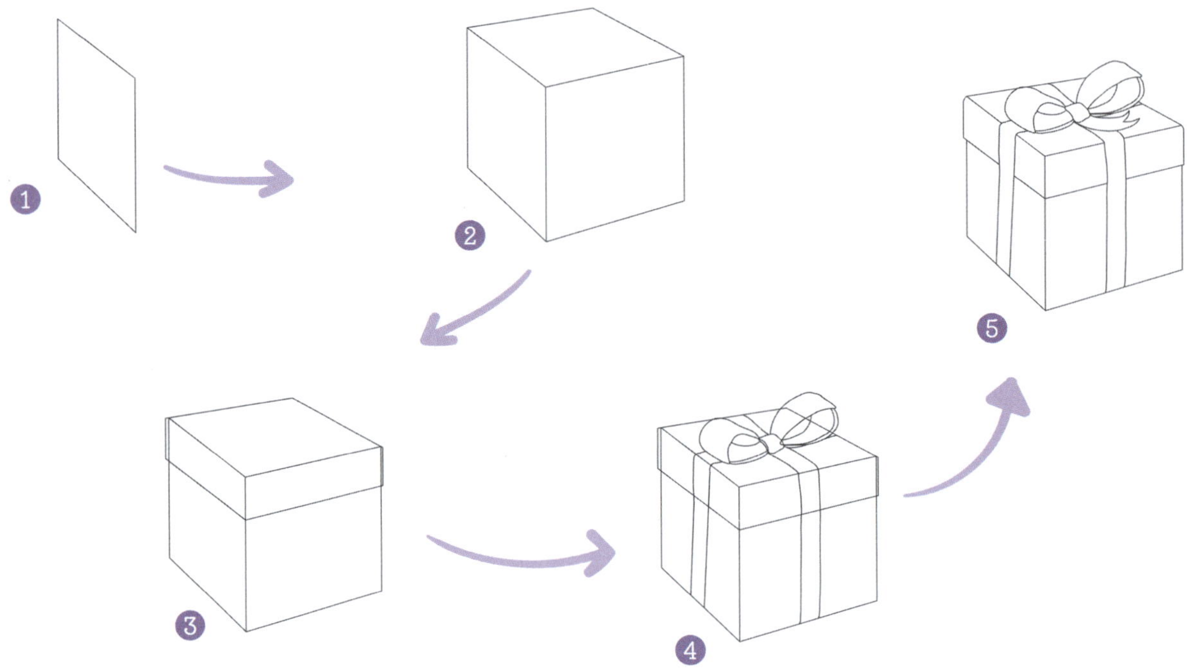

Leuchtturm ★

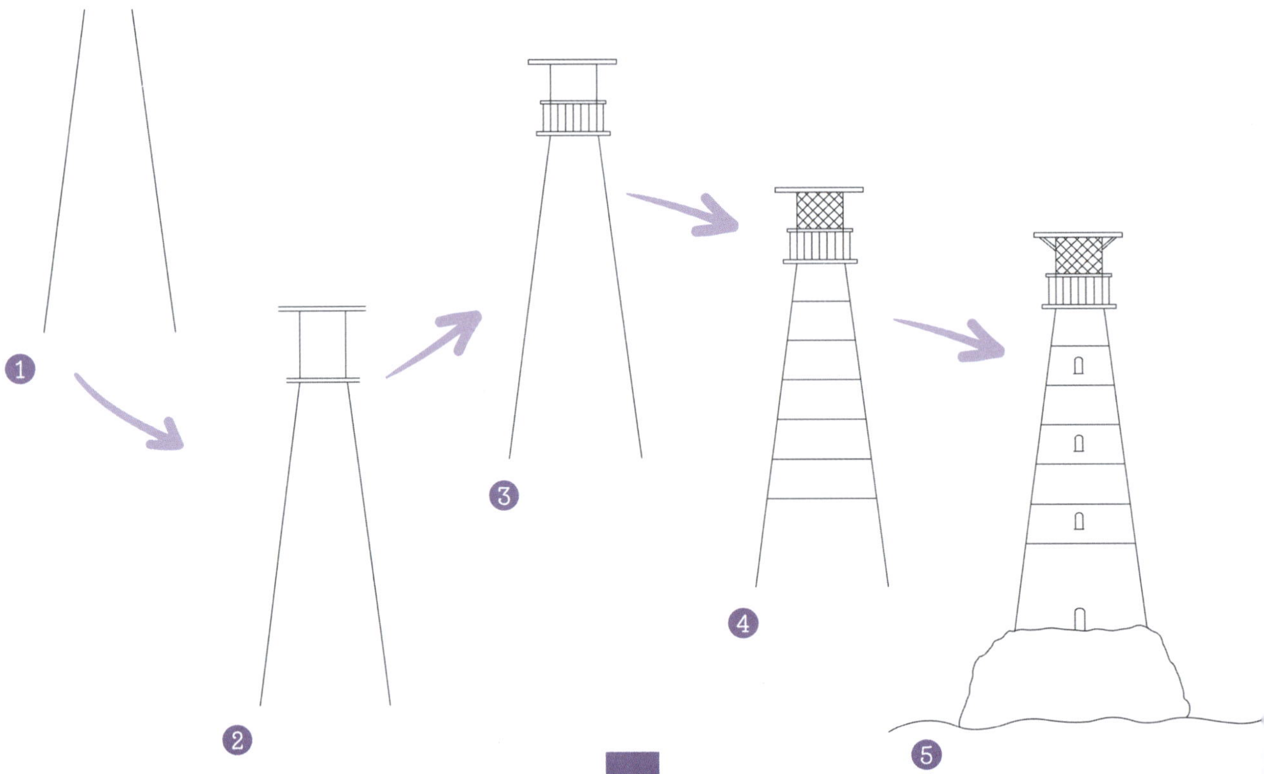

Schriftrolle ★

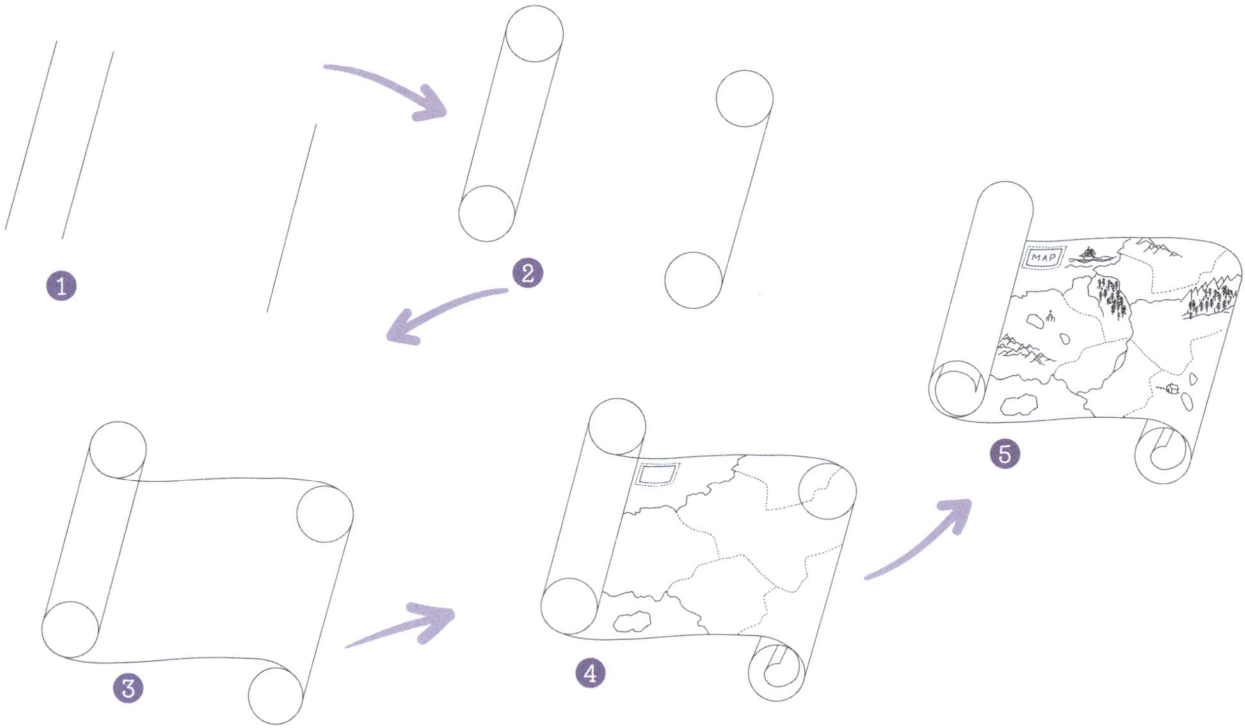

Geige ★★

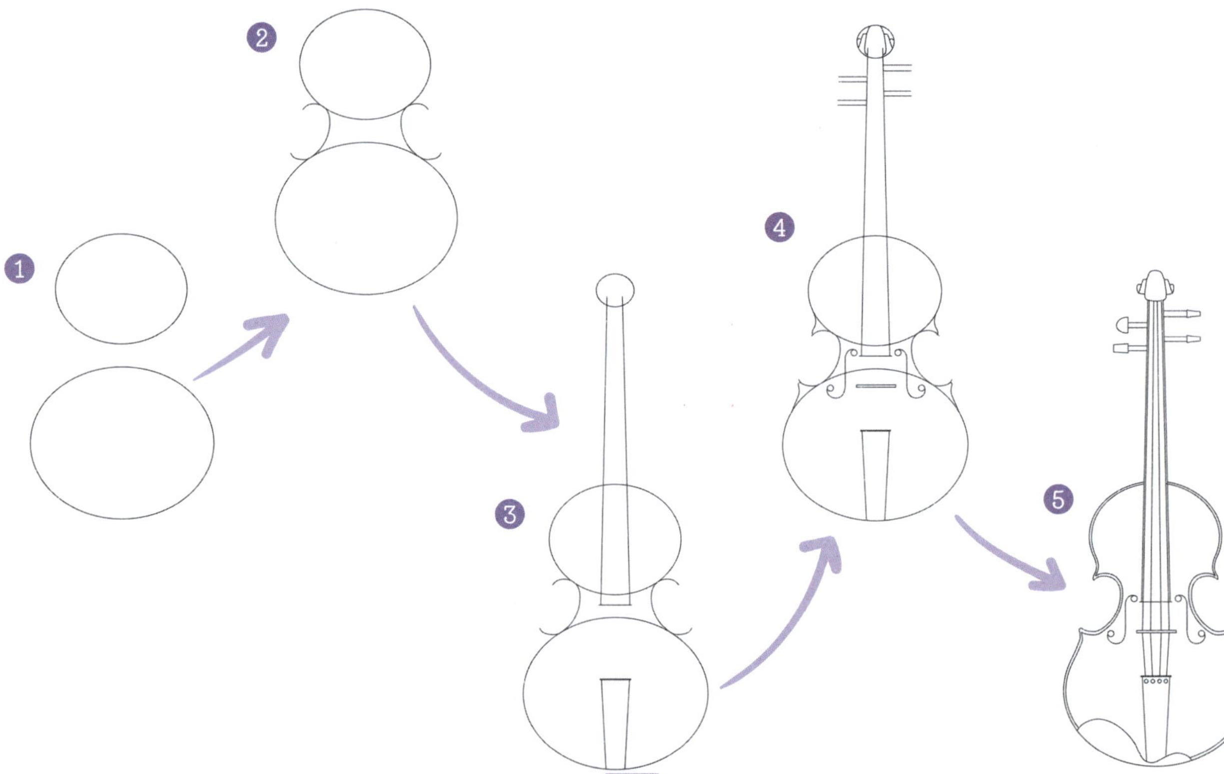

Schneeflocke ★

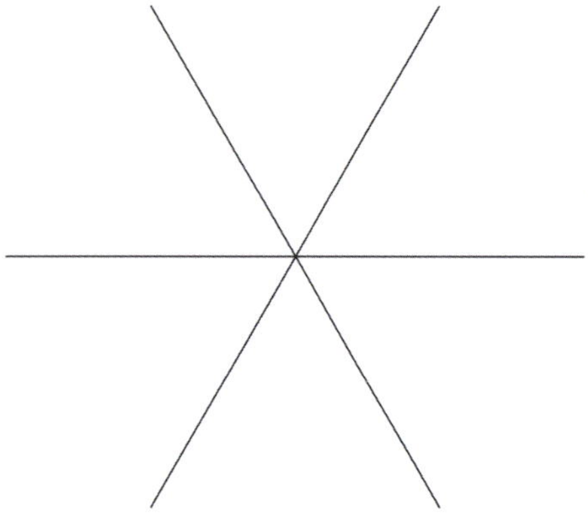

1

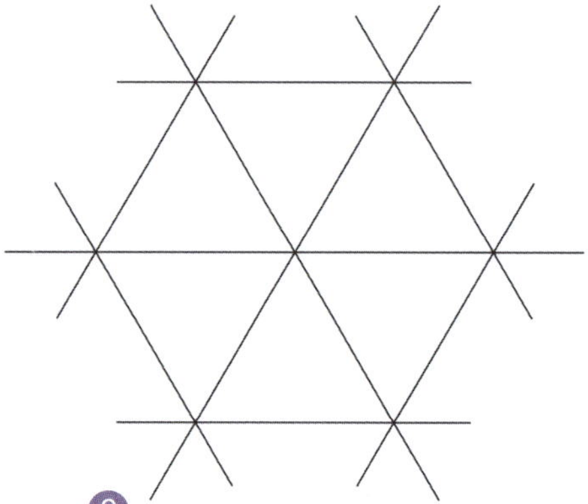

2

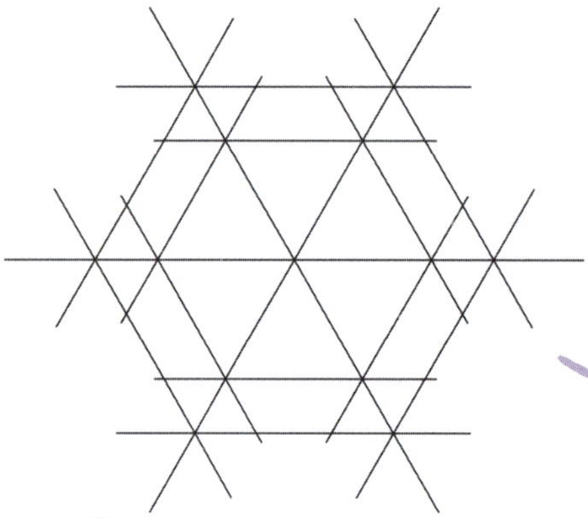

3

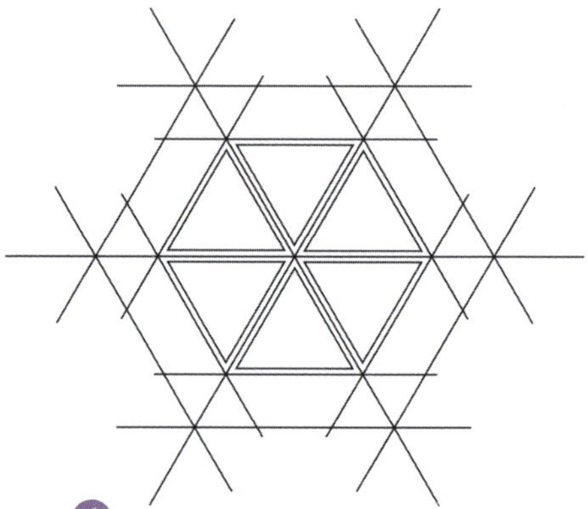

4

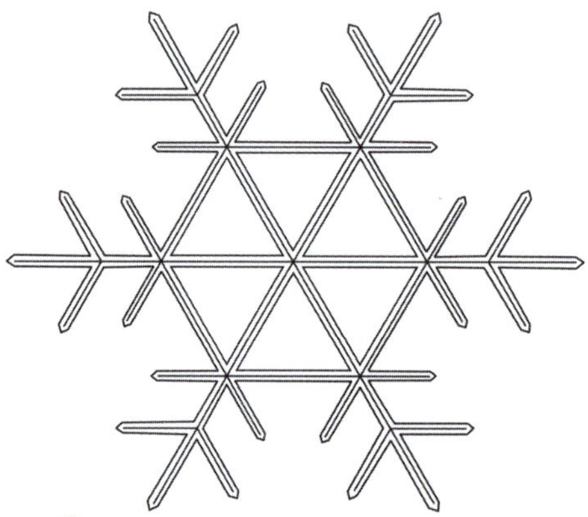

5

Rollschuh ★

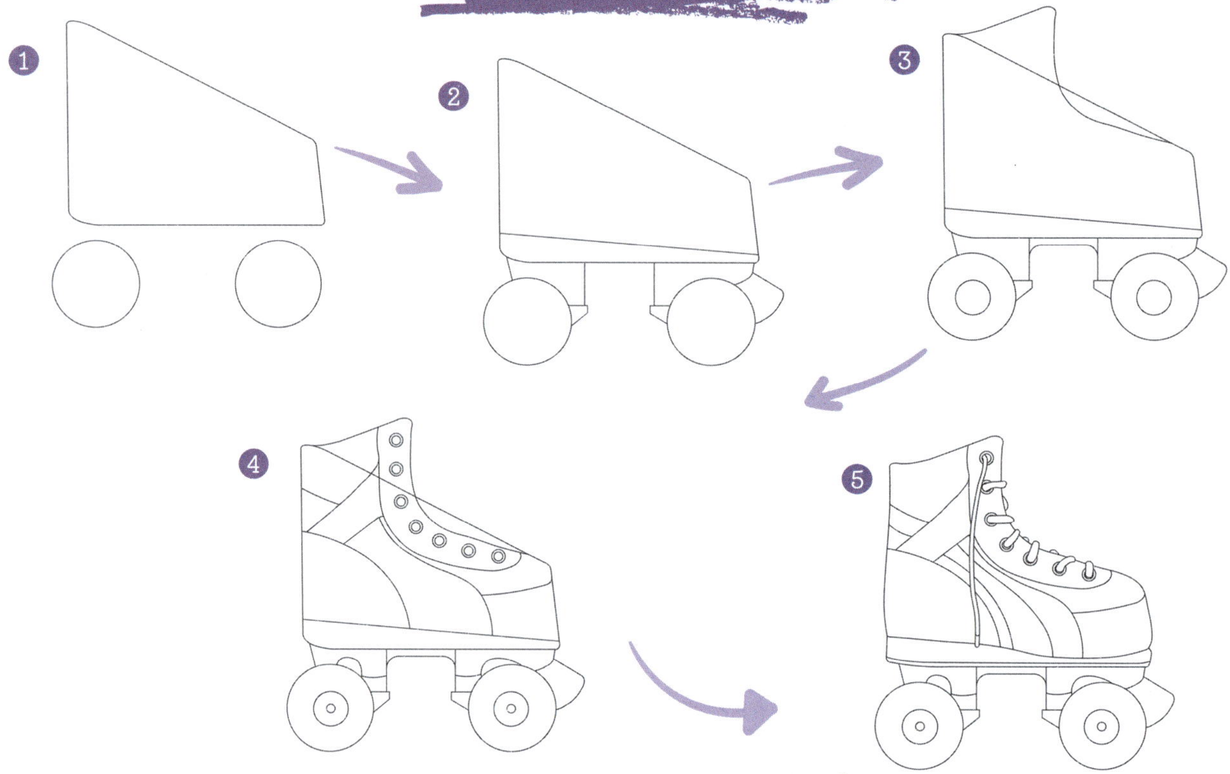

Flöte ★

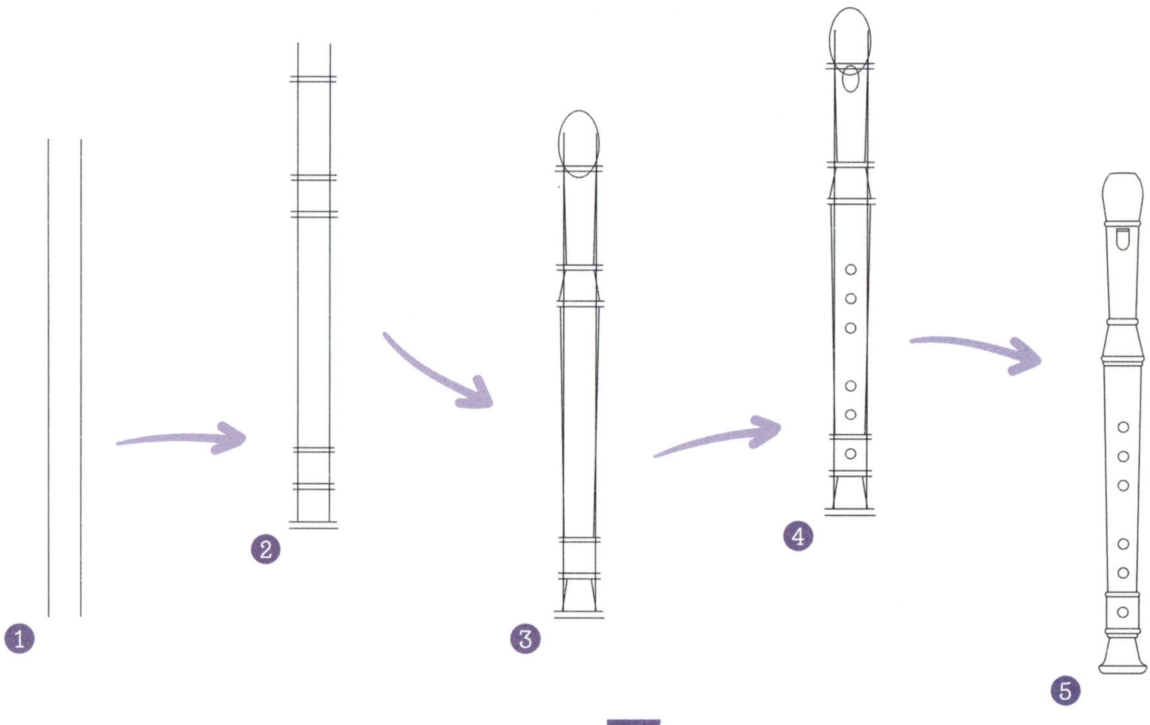

Flügel ★★★

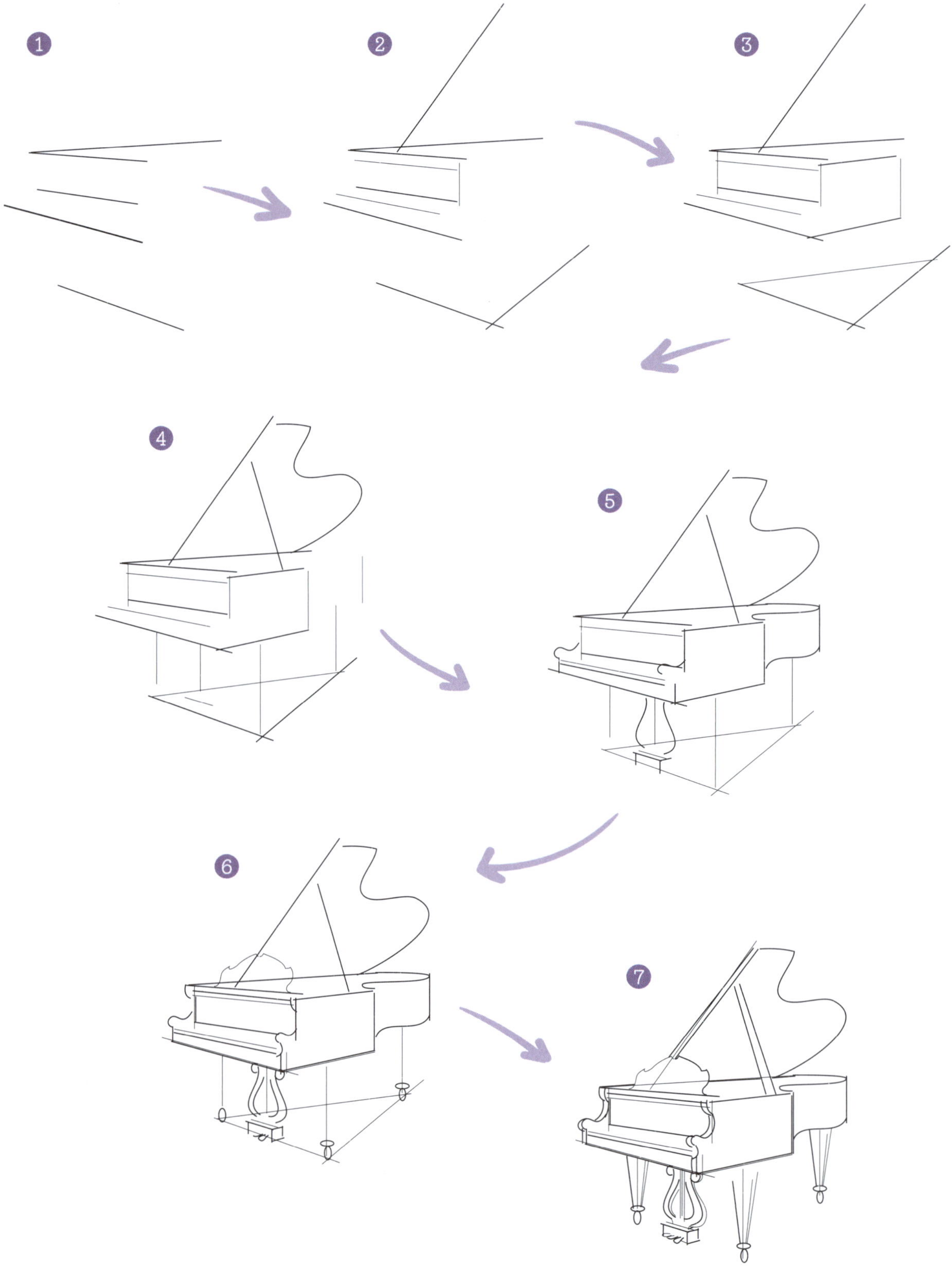

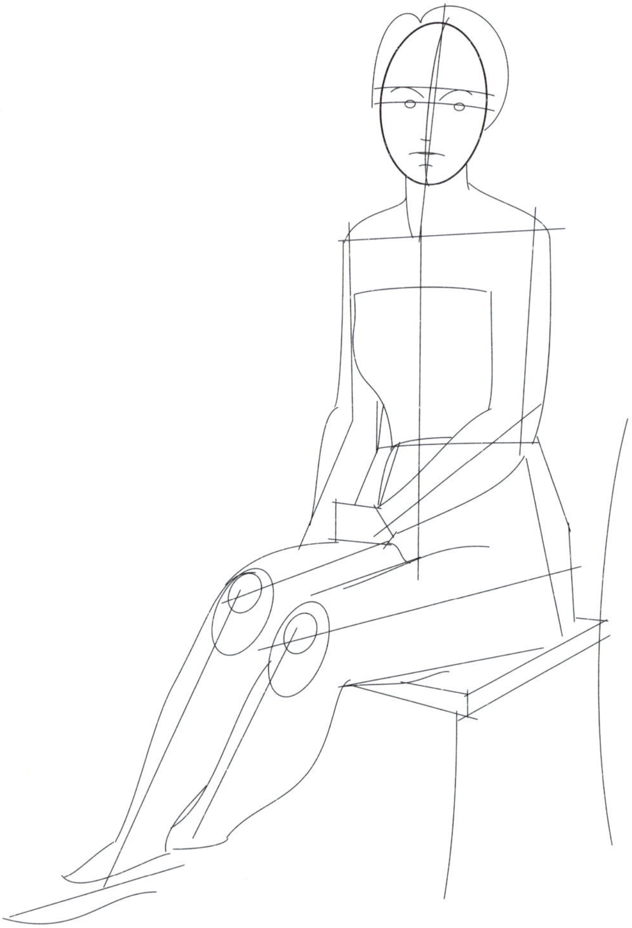

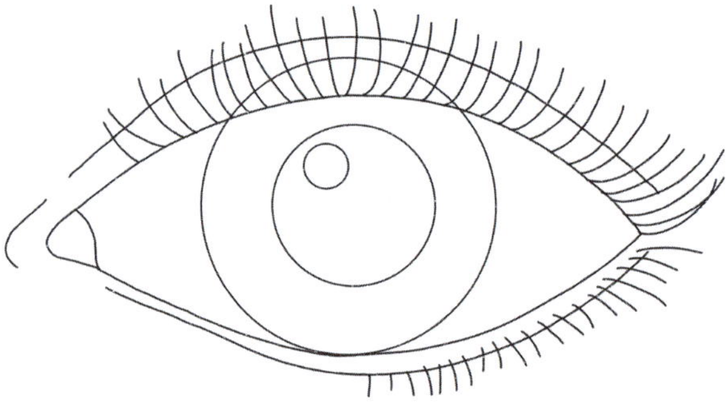

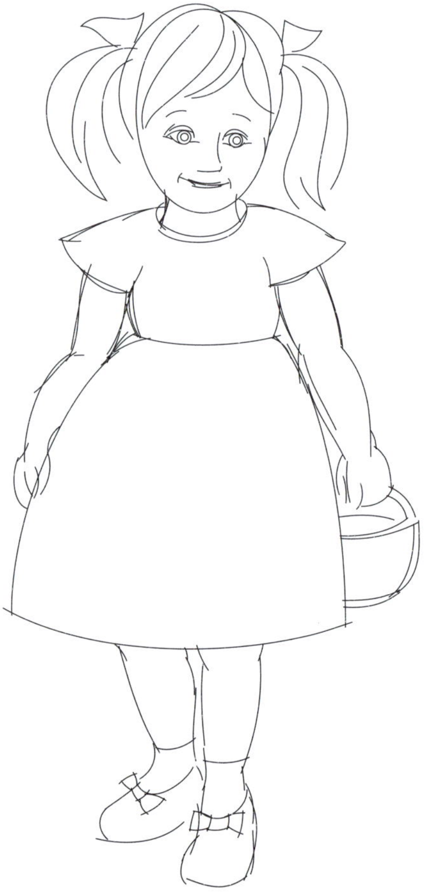

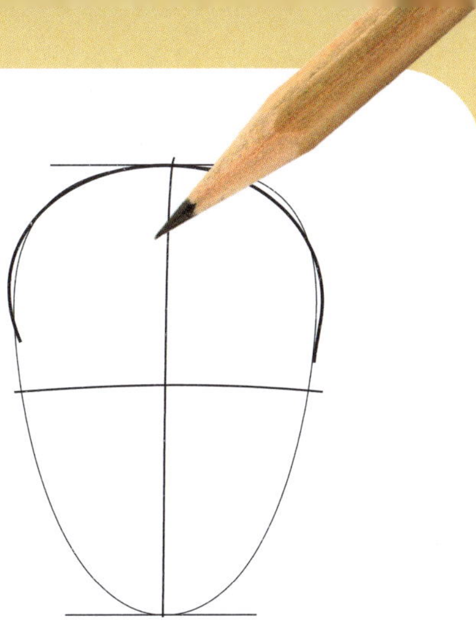

Menschen

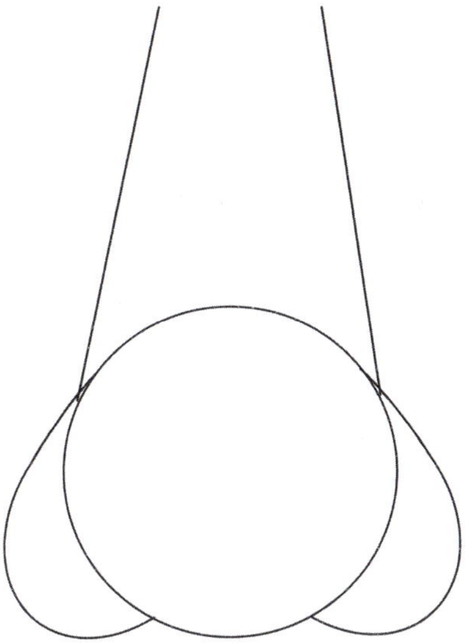

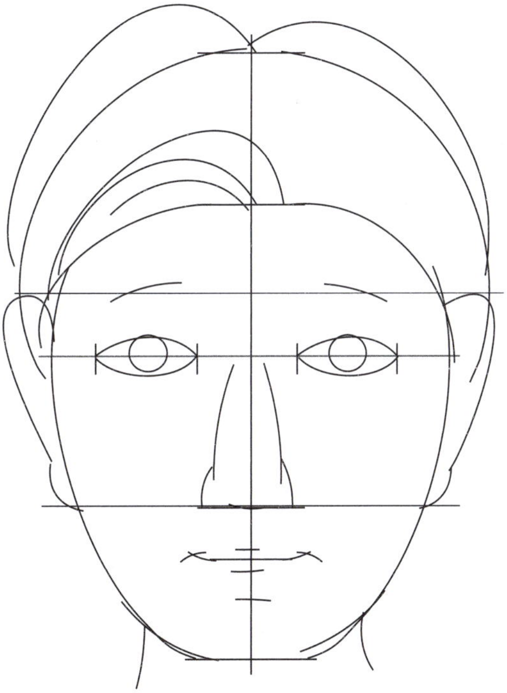

Auge ★

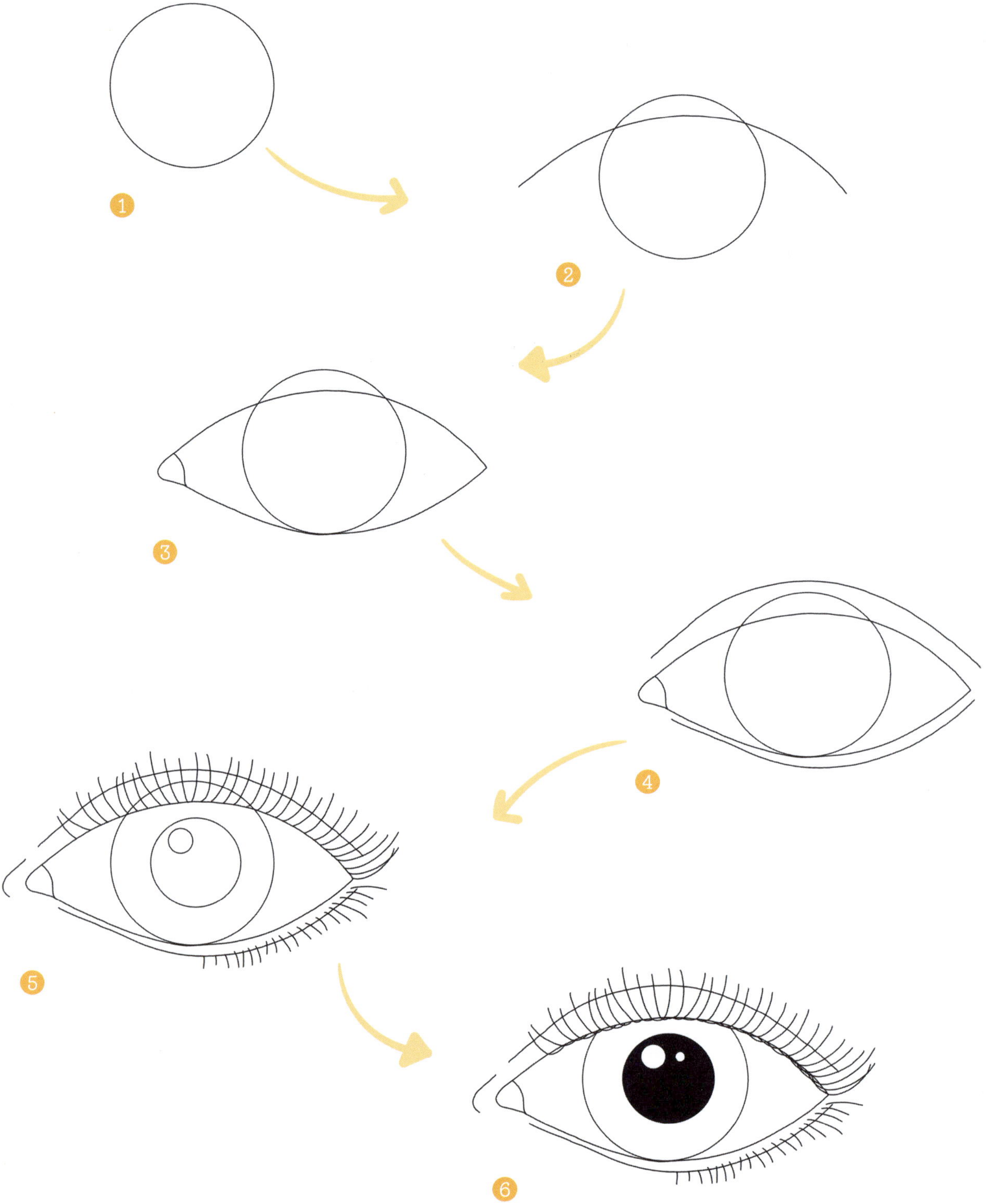

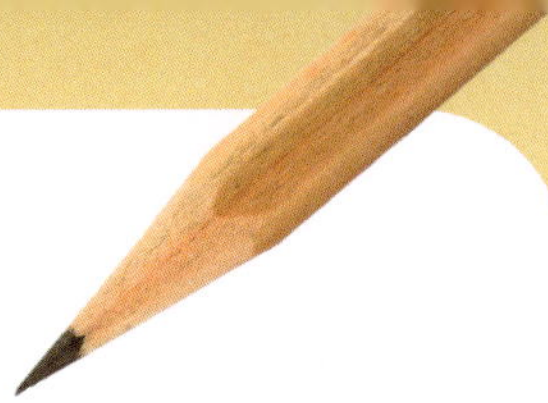

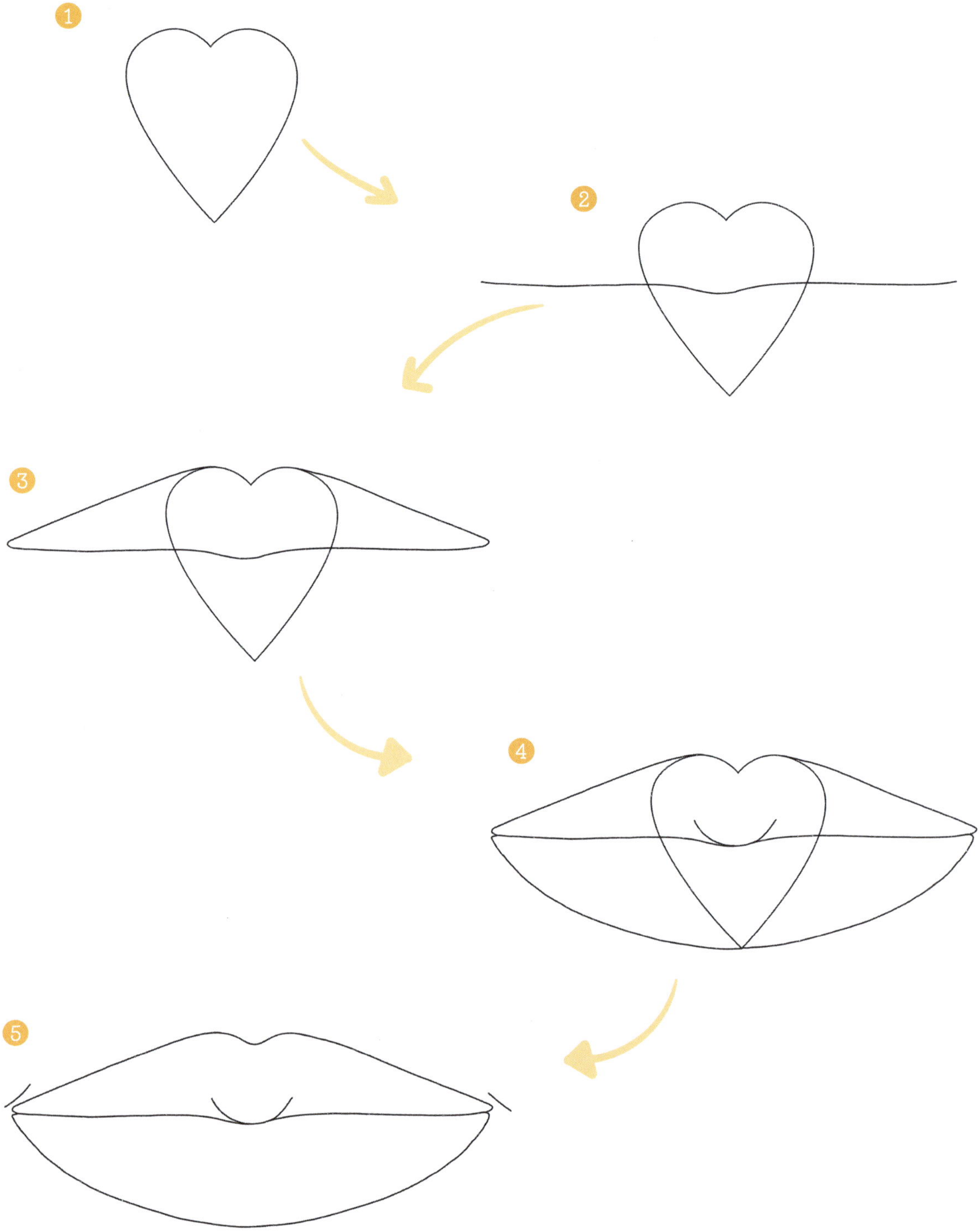
1
2
3
4
5

Nase ★

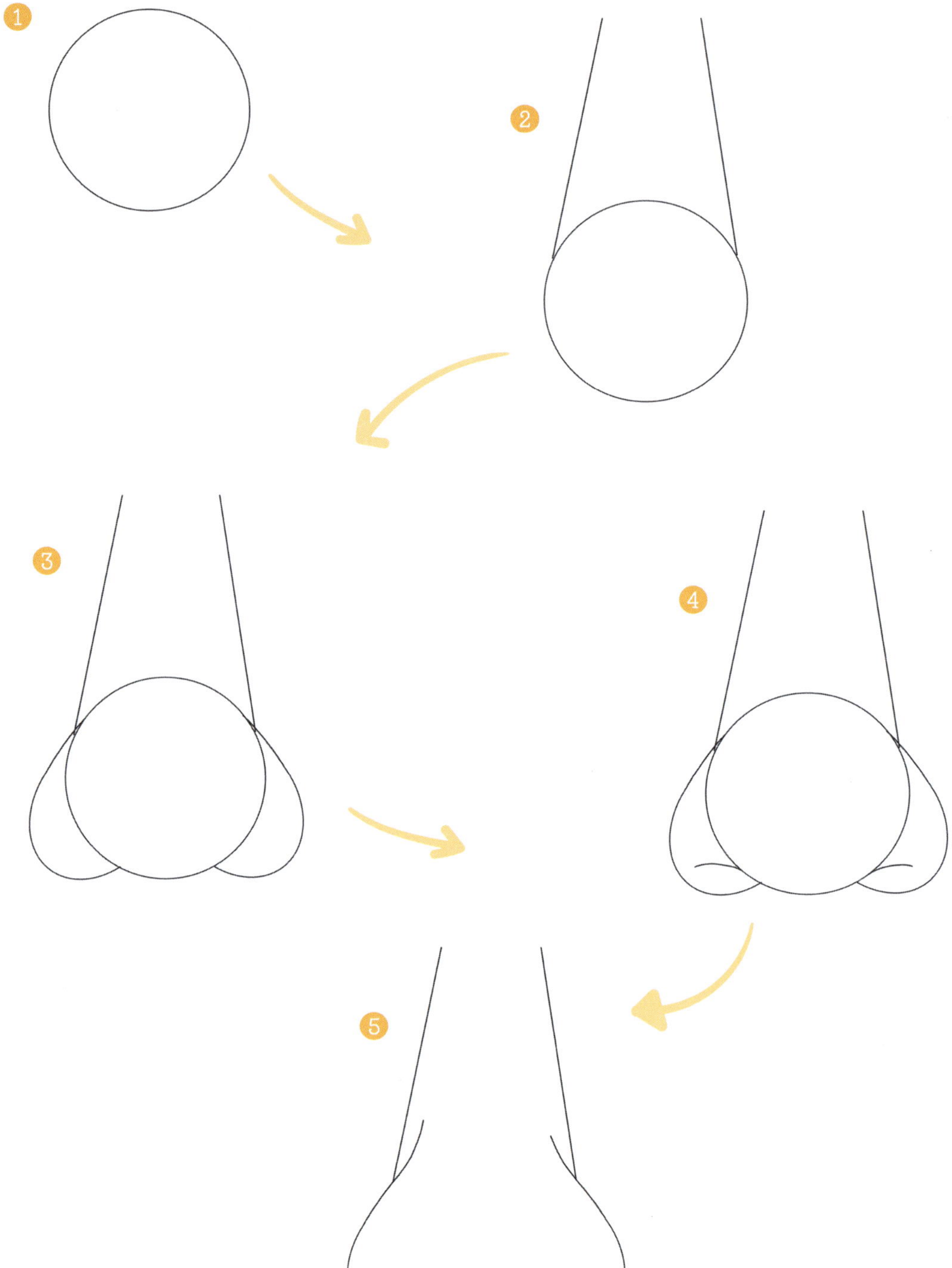

Schädel ★★★

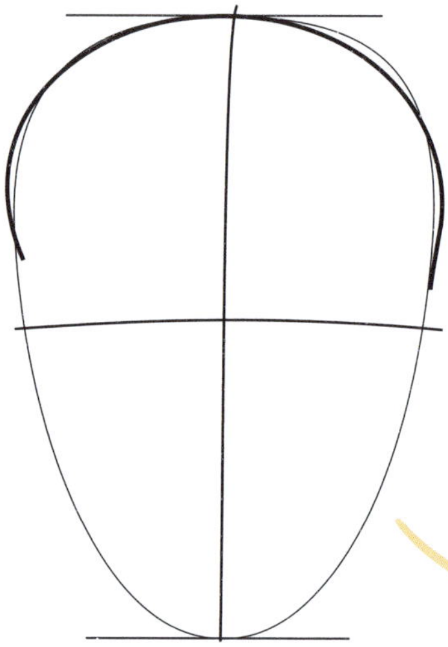

1

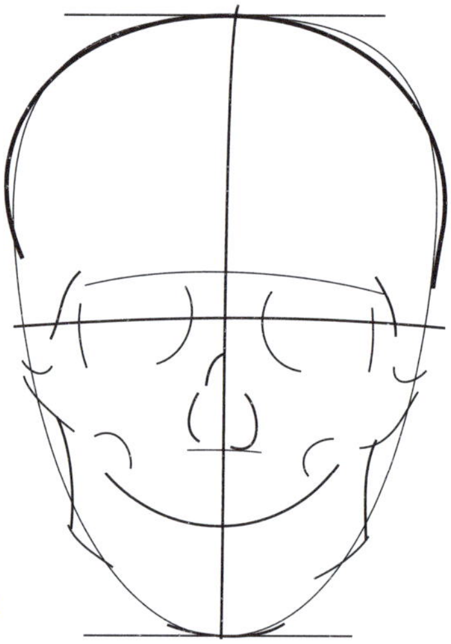

2

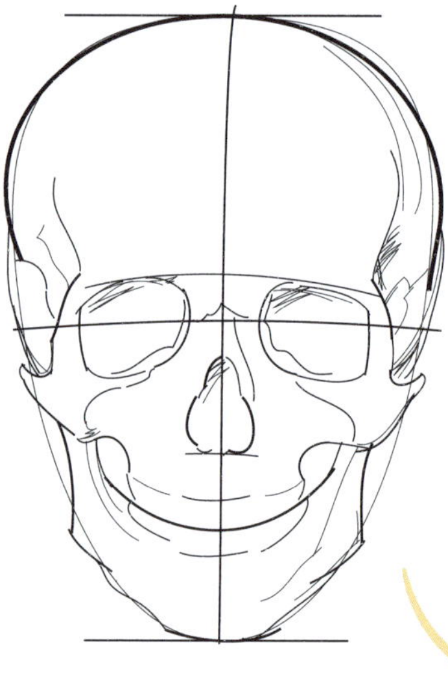

3

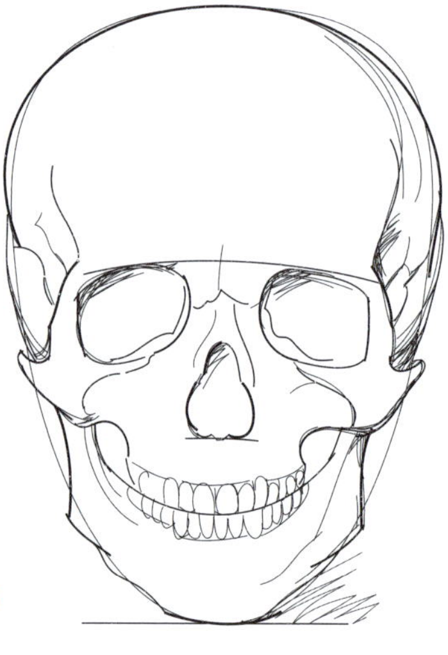

4

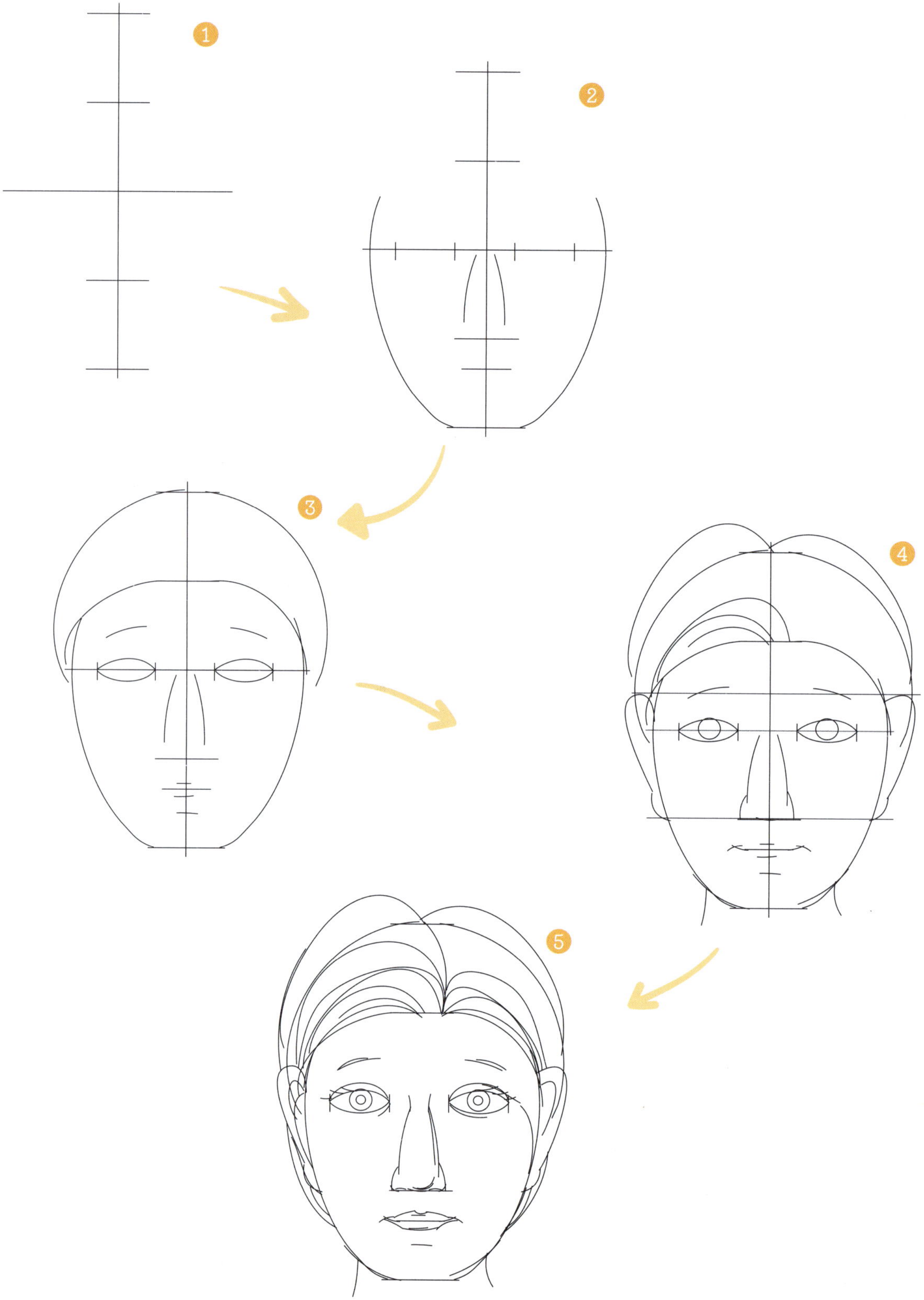
1
2
3
4
5

Kleines Mädchen ★★★

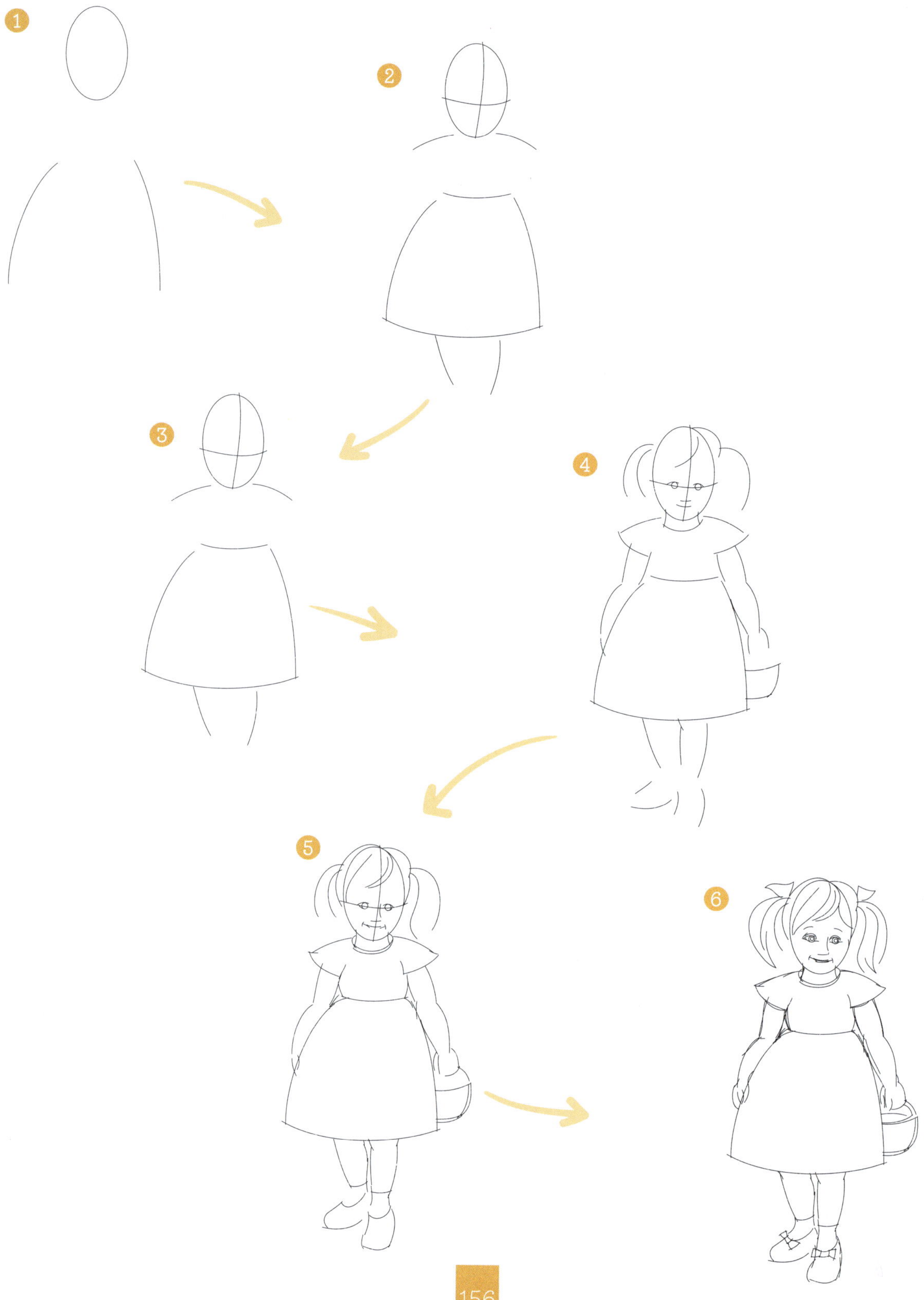

Sitzende Frau ★★★

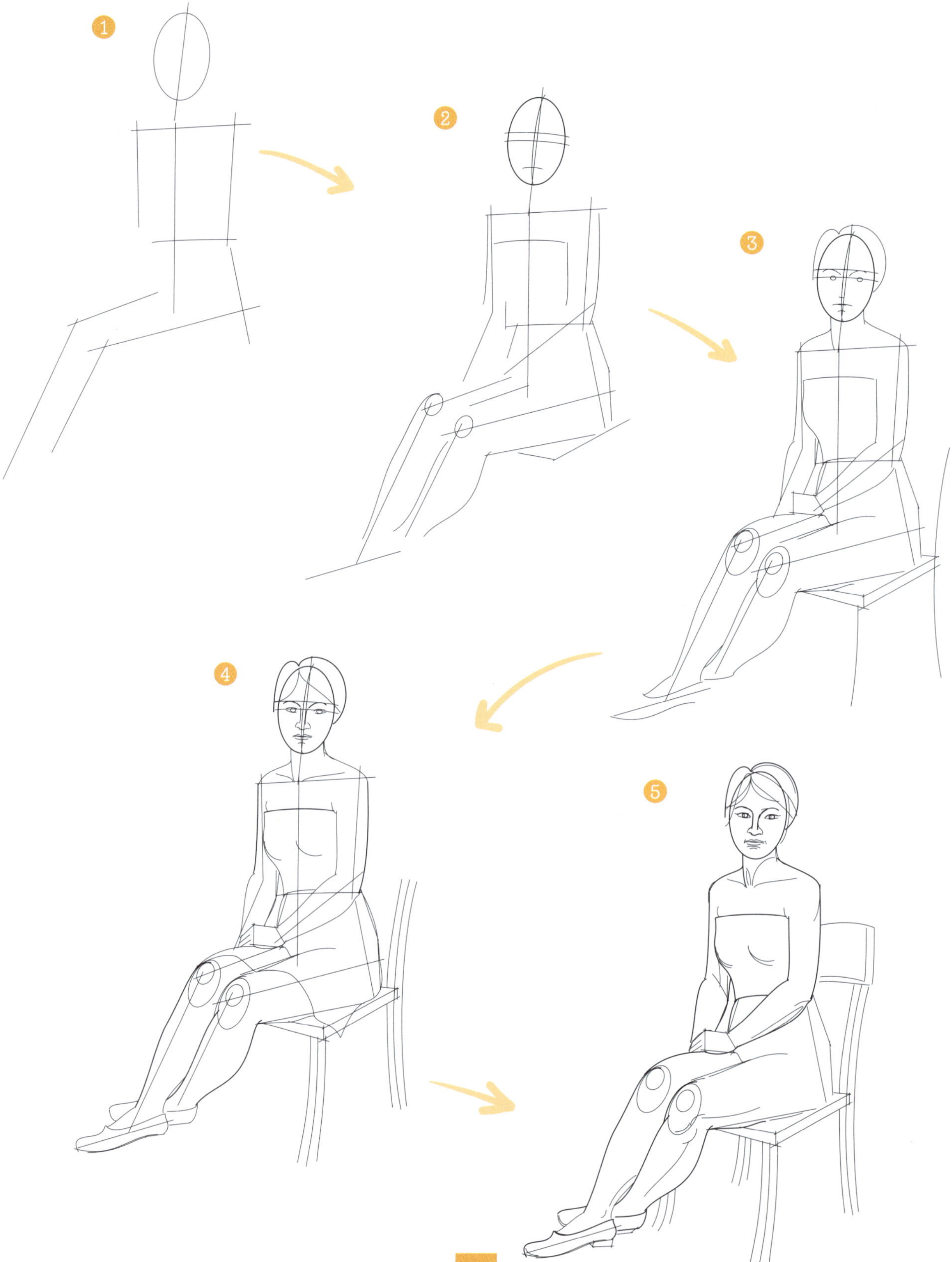

Register

Ganz easy ★

Auge, 146
Apfel, 22
Banane, 16
Barock-Stuhl, 120
Delfin, 82
Erdbeere, 24
Fisch, 60
Flöte, 140
Fotoapparat, 132
Geschenk, 134
Glas, 122
Globus, 132
Igel, 84
Kanne, 116
Leuchtturm, 134
Limette, 24
Linde, 16
Meerschweinchen, 84
Monstera-Blatt, 32
Mund, 148
Muschel, 68
Nase, 150
Palme, 26
Rose, 28
Schnecke, 56
Schneeflocke, 138
Schriftrolle, 136
Tannenbaum, 36
Tasche, 130
Vase, 122

Mittel ★★

Adlerkopf, 74
Anker, 126
Bär, 60
Baum, 14
Erdmännchen, 86
Eule, 52
Fliege, 46
Frosch, 66
Geige, 136
Giraffe, 88
Hase, 80
Huhn, 48
Kaktus, 30
Kanne, 116
Katze, 54
Katzenkopf, 54
Krokodil, 62
Kuhkopf, 44
Kürbis, 20
Maus, 48
Nashorn, 66
Orchidee, 32
Osterglocke, 36
Papagei, 82
Pilze, 18
Pinguin, 86
Rollschuh, 140
Roter Panda, 88
Schaf, 78
Schildkröte, 64
Schirm, 118
Schlange, 72
Schloss, 124
Schmetterling, 46
Schwan, 80
Tulpe, 10
Welpe, 50

Komplexer ★★★

Biene, 72
Chamäleon, 70
Drache, 96
Einhorn, 100
Fahrrad, 126
Flügel, 142
Frühstücksszene, 130
Fuchs, 78
Hippogreif, 106
Kirche, 128
Kleines Mädchen, 156
Krebs, 70
Kuh, 42
Küken , 52
Lampe, 118
Löwe, 92
Magnolie, 34
Maiglöckchen, 12
Pegasus, 98
Pferd, 90
Pferdekopf, 76
Phönix, 110
Porträt Frau, 154
Pusteblume, 26
Robbe, 58
Schädel, 152
Schwein, 40
Seerose, 30
Sitzende Frau, 158
Sonnenblume, 10
Troll, 104
Werwolf, 102
Zentaur, 108
Zwerg, 112